JN154310

集英社インターナショナル

スーパーカブは、なぜ売れる

目次

装丁　平野甲賀

本文デザイン　大森裕二

序章　一億台突破

「第二の自然」庶民のモビリティ

日本で暮らす人びとは、毎日スーパーカブを見ている。

町でも村でも、早朝の静かな道を新聞配達のスーパーカブが走りまわり、人びとが一日の活動を開始する頃には通勤や通学の足になり、昼間は郵便配達の赤いスーパーカブをあちこちで目にし、商店の配達や飲食店の出前もスーパーカブで、それは個人の家や商店や信用金庫などの軒先に置かれている。この小さなオートバイは人びとの手軽なモビリティとして町や村の道路を走り、交通が過密ではない村落では高齢者がのんびりと乗っている姿を見るのも、めずらしい風景ではない。

あまりにも見慣れた風景として、人びとが暮らす空間にスーパーカブが多様に存在しているので、多くの人たちは気にもとめない。ためしに一日の外出時間で、何台のスーパーカブを目撃するか数えてみるといい。その台数に驚くはずだが、意識して数えなければわからないほどスーパーカブは日本の日常の風景に溶け込んでしまっている。それは哲学者の「第二の自然」という言葉で表現するにふさわしい、庶民のモータリゼーションの常態だ。

そのスーパーカブ・シリーズが、五九年間をかけて生産累計一億台を突破したと、製造者の本田技研工業株式会社（以下ホンダ）が発表した[※1]のは、二〇一七年の一〇月であった。

この一億台という数字が、オートバイというジャンルをこえて、原動機（エンジンと電気モーター）で動くモビリティの生産累計における世界最高記録であったことから、日本のマスメディアや経済誌はこぞってニュースにとりあげた。

「ものづくりの国ニッポン」という工業立国の薄れゆくイメージが、いまだに健在であるとの希望的観測をもたらす心地よいニュースであったからだ。そしてまた産業プロダクツやそのマーケティングに敏感にならざるをえないビジネスパーソンにとっては、驚異的な成功を実現したスーパーカブを、再発見して分析評価することができたからである。日本で生まれた原動機で動く低価格帯にあるモビリティ、すなわち大衆商品のスーパーカブが、半世紀以上も世界各地で生産を継続し一億台に達したことは、工業立国の理想的現実に見えた。また、日本で暮らす人びとがスーパーカブを毎日のように見て知っているという親近感も、大きなニュースバリューであった。

スーパーカブは一九五八年（昭和三三年）に日本で新発売され、またたく間に爆発的なヒット商品になった。ホンダはすぐさま、この小さなオートバイをおしたてて海外市場へと本格的に進出した。その結果、スーパーカブを好む世界各国各地域に根をはやして現地化し、五九年間の長きにわたって生産を続け、その累計が一億台をこえたのであった。

今日までスーパーカブは、商品コンセプトと、基本のメカニズム・レイアウトと、造形のシルエットを、ひとつも変更していないが、海外現地化のために商品名と仕様の変更をおこなっているので、生産累計一億台を達成したのは「スーパーカブ」ではなく「スーパーカブ・シリーズ」とホンダは総称している。そのうえで、みずから世界最高記録と謳（うた）わず、世界一を認定する「ギネス世界記録」にも申請していない。コンシューマーを惑わすような手前味噌を嫌う。

ホンダは日本でスーパーカブを生産する熊本製作所の全従業員が出席する、生産累計一億台を宣する大々的な記念式典を開き、取材を希望するメディアに公開した。

だが、それらのメディア記事を読んでいくうちに、一億台という数字が、宙に浮いているように思えてくるのだった。この一億台の正体を、分析評価し、位置づける記事がなかったからだ。

一機種シリーズの一億台という数字が、おびただしく巨大な数字であることは印象的にわかるが、その巨大な数字が意味するグローバル化したスーパーカブの世界的実相を、容易に把握できなかったのである。一億台がいかに巨大な数字なのか、どれほどのおびただしい大量生産の途中結果なのかが、立体的に見えてこなかった。

それは無理からぬことであって、記事を書いた記者たちも、さぞや困ったことであろう。比較可能な数字がないので、手っ取り早く短い言葉で相対的に分析評価することが困難なのである。一機種シリーズで生産累計が一〇〇〇万台をこえているオートバイやスクーターは複数あるし、なかには一億台へ到達しそうな勢いをもっているオートバイもある。大量生産されてはいないが六〇年以上にわたって、商品コンセプトと、基本のメカニズム・レイアウトと、造形のシルエットを変えていないオートバイだってある。

しかし、それらのモビリティの存在をあきらかにしても、スーパーカブの一億台がピンとこない。なぜ、一億台を達成できたのかが、わからないからである。

ましてやスーパーカブの今日的な状況を分析評価するとなれば、二〇一八年で発売六〇周年にあたる現代史的な時間軸をもって、世界各国各地域で多様化したスーパーカブの常態を展開して見せることしか方法がない。それは鳥の目でスーパーカブ・シリーズの生産累計一億台を見るのではなく、虫の目で見なければならない丹念な作業になる。

なぜならば、スーパーカブは徹底的な大衆工業製品であって、すなわち庶民の乗り物だからである。圧倒的多数の庶民は、国や地域や民族によって、その多様さは半端ではなく、したがってそのモビリティを語るときに、広く細かくやわらかな目が必要になる。圧倒的少数の支配階級における貴族的なモビリティであるロールス・ロイスを語るほどの、わかりやすい単純な話にはならないからであった。ロールス・ロイスを買おうと考えたことが一度もないので、その値段はきっと数千万円で、もしかすると都内にマンション一部屋を買えるぐらいの値段かもしれないと書いておけばいいのだろうが、スーパーカブのいちばん安い五〇ccモデルの日本でのメーカー希望小売価格は、二〇一八年秋の時点で消費税抜本体価格二一万五〇〇〇円である。五〇ccのスクーターとともに最低価格帯にあり、世界各国各地域においても同様のポジションにある。

つまりスーパーカブ・シリーズの生産累計一億台の実相をあきらかにするには、この小さなオートバイがいかにして生まれたか、世界各国各地域でどのように庶民生活に根をおろしているかを、虫の目でスケッチすることでしか可能にならない。

そのようなスーパーカブが日本で誕生し、世界へと拡大していったことは、きわめて興味深い現代史のひとコマである。工業製品である小さなオートバイが、世界各国各地域での庶民のモビリティになっていった六〇年間の現代史だ。

しかも、近未来においてモビリティの原動機は電気モーターに置き換えられていくだろうと考えられ、それはすでに推進され実現されているにもかかわらず、スーパーカブは依然としてガソリンエンジンで走るモビリティとして製造が続き市場を拡大しているという不可思議である。

こうした現実をふまえて社会学的にスーパーカブを社会現象としてとらえ、分析評価し実相をあきらかにして、庶民のモビリティであるスーパーカブについて考察するのが、本書のテーマである。

そのテーマをまずは提示できたので、いましばらくは一億台という数字について引き続き考えていきたいと思う。

歴史的名車との共通点

スーパーカブ・シリーズが原動機で動くモビリティの生産累計世界一を記録したということは、その記録を保持していた原動機で動くモビリティがあったわけで、初代チャンピオンは累計一五〇〇万台以上を生産したフォード・モデルTだった。

生産累計は「一五〇〇万七〇三三台から一五七五万四二九二台までいくつかの数字がある」[※2]という歴史的名車だが、一九〇八年（明治四一年）から一九二七年（昭和二年）にかけて一九年間で達成した一五〇〇万台なので、この当時においてはべらぼうな数字なのだろうが、そもそも時代が古すぎて、現代のスーパーカブとは比較にならないところがある。

アメリカ経済は一九二九年の世界恐慌まで、いちじるしい成長を続けていたが、今日のように第三世界の国ぐにに中産階級が出現していないから、世界規模の広範囲なマーケットがあったわけではない。つまりモータリゼーションという言葉の現実はアメリカにしか存在していない時代だったし、しかもフォード・モデルTは水冷四気筒二八九六ccエンジンを搭載した二人ないし四人乗りの四輪自動車で、スーパーカブは五〇ccから一二五ccまでの空冷単気筒エンジンのせいぜい大人二人乗りの二輪車である。時代もちがえば、性能機能もちがい、その商品性もちがいすぎる。フォード・モデルTは、その時代にあっては四輪自動車商品の低価格帯にあるボトムラインの商品であったということだけが、スーパーカブと合致する。

このフォード・モデルTの記録を追い抜いて二代目チャンピオンになったのは、ドイツのフォルクスワーゲン・タイプ1（ワン）、通称ビートルだった。ビートルは、一九四五年（昭和二〇年）から本格的に量産され、二〇〇三年（平成一五年）まで五八年間も生産が続けられたロングセラーのモビリティである。その生産累計は[※3]二一五二万九四八〇台だった。

スーパーカブがビートルをこえ、約二一八六万台を記録し世界記録のトップランナーに躍り出たのは一九九三年であり、それはビートルが二一〇〇万台をこえた一年後であった。ビートルがメキシコ工場で生産を終了した二〇〇三年には、スーパーカブはすでに四〇〇〇万台を突破していた。

しかしここでも、ビートルは一三〇〇ccと一六〇〇ccの空冷エンジンを搭載した五人乗り四輪セダンであって、スーパーカブとの比較が可能なのは、第二次世界大戦後の時代でロングセラーになったモビリティ商品というポイントだけだ。これもまたそもそも販売価格差が大きすぎ、性能機能がちがいすぎる。四輪セダンと小さなオートバイの比較は、どうしても単純にできることではない。

ここでわかることは、スーパーカブ・シリーズが誕生六〇年間をすぎてなお現役のモビリティ商品であり続けていることと、その生産累計一億台がぶっちぎりに抜きん出た数字であることだけだ。

ただし、フォード・モデルTとフォルクスワーゲン・ビートルとスーパーカブには、ひとつの共通点がある。それはフォード・モデルTの生みの親が「アメリカ自動車産業の風雲児」であるヘンリー・フォードであり、ビートルはアドルフ・ヒトラー率いるナチス・ドイツ政府の国民車構想によってフェルディナント・ポルシェが設計し、スーパーカブは一代でホンダを世界的企業に育てた天才技術者の本田宗一郎が開発した傑作オートバイであったことだ。いわずもがな三者とも自動車の世界史年表に、その名を刻み込む強烈な個性と才能の持ち主である。

しかもこの三者は、モビリティを製造する分野のれっきとしたビジネスパーソンだった。したがって三者が生んだそれぞれの歴史的モビリティは、大量に販売することを狙って企画開発され、実際に大量生産された、徹頭徹尾の大衆商品だ。すなわち鮮明なビジネスモデルを構築することによって、より多くのコンシューマーが所有したくなる魅力的な商品性を企画し、それぞれの方法で厳しくコストを計算し、利益を確保できる設計をして、その企画と設計を実現する生産技術によって生み出された大衆商品である。

そのような大衆工業製品が、大ヒットのロングセラー商品になったのは、もちろん偶然でもなければ幸運にありついたわけでもなく、ビジネスモデルの狙いどおりに大当たりしたということだ。とはいえ、日々たえまなく生まれてくる大衆商品のなかで、ビジネスモデルの狙いどおりにロングセラー商品になるものなど、そうそうざらにあるものではない。

五九年間で生産累計一億台以上になり、いまなお増殖しているスーパーカブ・シリーズだが、それがいかに抜きん出た存在の商品であるか、ここまできてようやく驚愕(きょうがく)できるというものだ。世界

ヘンリー・フォード(1863-1947)

フォード・モデルT（生産累計約1,500万台）

フェルディナント・ポルシェ（1875-1951）

フォルクスワーゲン・タイプ1（生産累計2,152万9,480台）

的な現役ロングセラー商品として、商品性を保持してやまないからである。

いや、商品性を保持してやまずというのはひかえ目な表現だ。

スーパーカブ・シリーズの生産累計一億台達成を宣するホンダの記念式典のステージに、日本仕様のスーパーカブに乗って登場したホンダ社長の八郷隆弘は、その挨拶のなかで生産累計一億台達成は「次の一億台に向けたスタート」とさえ発言しているのである。すでに生産累計二億台がターゲットになっていたのであった。一億台を分母にする、実に二倍である。

その発言がアドバルーン的なもの言いでないことは、一億台達成のプロセスにおける、ひとつのファクトを知れば理解できる。それはスーパーカブ・シリーズが生産累計五〇〇〇万台を達成したのは、一億台達成の一二年前にあたる二〇〇五年であったという事実だ。

つまりスーパーカブは、最初の五〇〇〇万台を一九五八年から二〇〇五年までの四七年間で達成し、次の五〇〇〇万台を二〇一七年までの一二年間で達成しているのだった。単純計算をすれば、四七年間かかった最初の五〇〇〇万台達成の年平均は一〇六万台強であり、次の五〇〇〇万台の年平均は四一七万台弱ということになる。まさに四倍だ。売れに売れて溜め込んだ過去の記録で一億台をこえたのではなく、むしろ二一世紀になってから猛烈にスピードアップして売り上げを伸ばしまくり、一億台をこえたのである。

スーパーカブがたったいまも魅力的な商品性を保持してやまず、という表現は言葉のあやではなく、ビジネスの数字でしめされる、きわめて明白な事実だ。

この事実を知った私たちが、そして思い浮かべる言葉は、「怪物」である。

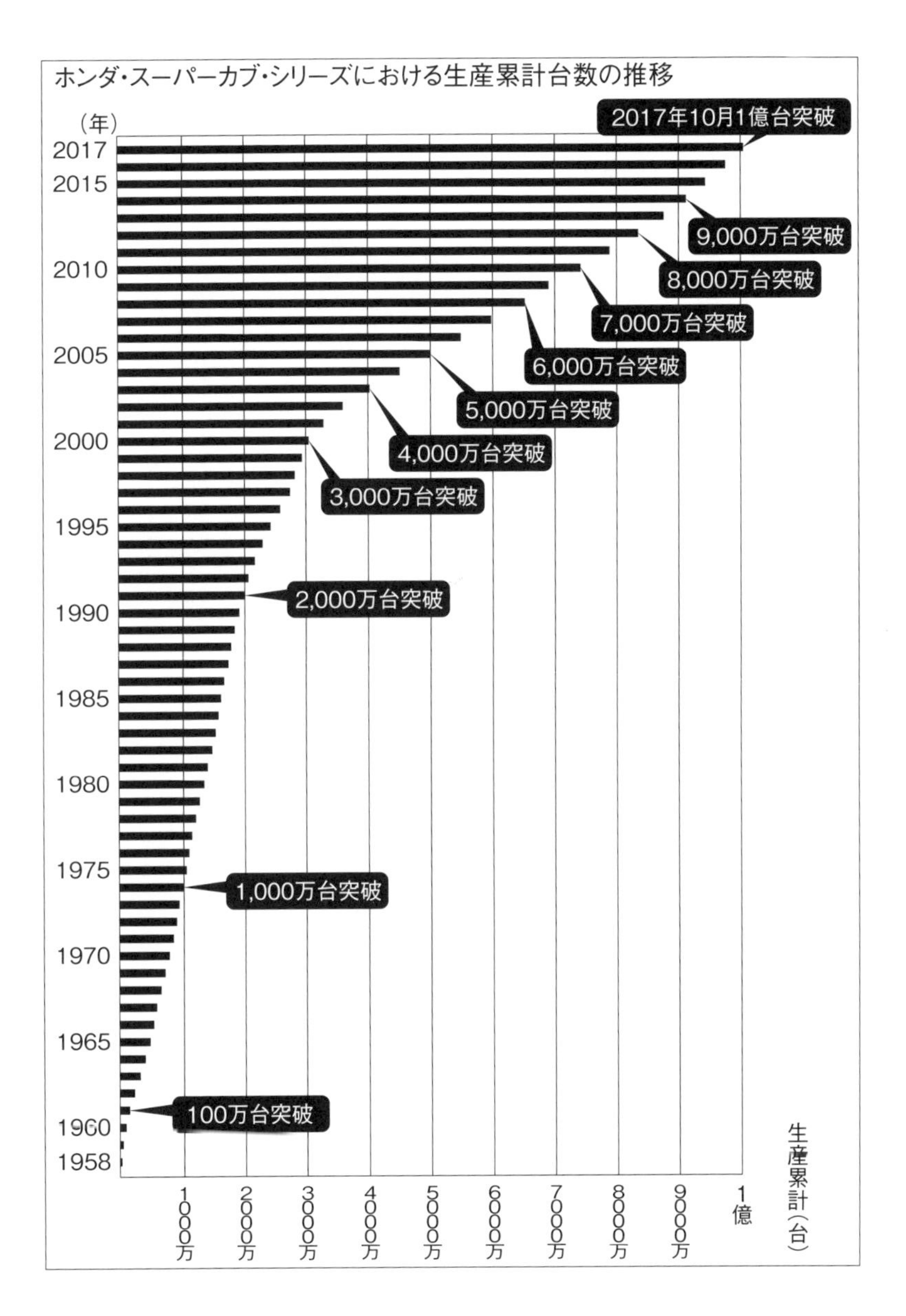

ホンダ・スーパーカブ・シリーズにおける生産累計台数の推移
(年)
2017
2015
2010
2005
2000
1995
1990
1985
1980
1975
1970
1965
1960
1958
2017年10月1億台突破
9,000万台突破
8,000万台突破
7,000万台突破
6,000万台突破
5,000万台突破
4,000万台突破
3,000万台突破
2,000万台突破
1,000万台突破
100万台突破
1000万
2000万
3000万
4000万
5000万
6000万
7000万
8000万
9000万
1億
生産累計(台)

販売開始以来六〇年間、日本から世界へと広がり、じわじわと売れ続けた結果の一億台ではなく、販売開始から四七年後にそれまでの年平均の四倍という猛烈なハイペースで売れて一億台に達した小さなオートバイは、あきらかに大衆商品の怪物だ。

一九七九年(昭和五四年)に販売開始されたソニーのカセットテープ式ウォークマンは世界的な大ヒット商品になったが、二〇一〇年に国内販売を終了し、その時点での累計販売台数は二億二〇〇〇万台だったという。より小型軽量で、はるかに多くの楽曲を再生できる内蔵メモリー式プレーヤーを経て、現在ではスマートフォンにその機能が組み込まれたことで、携帯音楽プレーヤーそのものは時代的使命を終えた。だが持ち歩ける音楽プレーヤーは世界中の人びとに絶対的に必要な機能になった。発明といっていいカセットテープ式ウォークマンは技術イノベーションの潮流に押し流されて消えていったが、その商品コンセプトは不滅だ。

ひるがえってスーパーカブは商品コンセプトから造形シルエットまで変化せず、いまも社会的な利益をもたらし利潤をあげる現役の商品である。

携帯電話はどうだろう。一九九〇年代から大衆化した携帯電話は、いまやスマートフォンへと進化発展している。そのスマートフォンの代表格であるアップルのiPhoneはたったいま年産一〇億台以上という驚異的な数字だ。だが、いまのスマートフォンが一〇年後にそのままのカタチで存在すると言い切れる人はいない。

庶民的な工業製品だからこそ、大ヒットし世界に広まり一時代を築くことが可能なのだが、しかし時代の変化やイノベーションの進化で、その一時代の終焉をむかえることは、工業製品ゆえに避けられない宿命がある。一方で庶民的な工業製品のなかでも機能やカタチを根本的に変えないものがあることも指摘しておかなければならない。電気冷蔵庫がその代表格だ。

しかしスーパーカブと、これらの大ヒット商品をくらべたとき、その決定的なちがいは、ウォークマンもスマートフォンも冷蔵庫も、人の命を乗せて走らないということである。スーパーカブは一億台生産された、人間が乗って走る工業製品だ。

走る、という機能に問われる楽しさ

大ヒットした工業製品は、使い勝手のよさや、すぐれた性能機能、またルックスのよさ、そして経済性までも兼ね備えているものだが、とりわけ走る工業製品は、よく走ることをもって、その商品性が本質的に問われる。よく走るとは、第一に安全に走ることであり、それは自在に走り、まがり、止まる、ができることだ。また、自在に走り、まがり、止まるモビリティは、ようするに運転操縦する人間の意のままに走るという機械だから、乗り手を心底から楽しくすることができる。道具や機械を自分の思うがままに使えたときに感じる、快楽といっていい、あの楽しい気分だ。

しかして、ここで丹念に考えなければならないことは、誰にとって、自在に走り、まがり、止まるか、ということである。人間が運転操縦して走る工業製品であるということは、その運転操縦の質によって、よく走ることの評価がわかれる現実を吟味しないわけにはいかない。

運転操縦が上手いか下手かということである。上手い下手は、状況判断能力や運動能力が高いといった先天的な能力にかかわるだけではなく、運転操縦が好きか嫌いか、よく訓練がなされているか否か、走る工業製品を運転操縦するとはどういうことかを理解するインテリジェンスなどの事柄がふくまれる。

したがって走る工業製品は、楽器にたとえられることがある。ある楽器を、上手な人間が奏でればよく鳴り、下手な人間が奏でれば、それなりにしか鳴らないというたとえだ。そういう現実が、走る工業製品、すなわちモビリティにはついてまわる。

庶民的な走る工業製品は、訓練をうけた専門職だけではなく、しかるべきパーミットを取得した誰もが運転操縦するのだから、上手い下手に関係なく、誰にとっても、よく走るものであるのが理想である。しかし、その理想は、往々にして中庸なところで製品化されている。いやむしろ、ちょっとした使い勝手のよさや、ちょっとした豪華さという、売れ筋になる見え透いた商品性にイニシャルコストがかけられ、よく走る性能は大多数のカスタマーには理解できない性能だとして二の次にされても、その商品性にはなんの過不足もないのが日本の現実だった。

走る工業製品のよく走る性能について、少しばかり深く考察したのは、スーパーカブがそのような現実から飛び抜けた存在だからである。といっても、最高性能の自動アシストブレーキシステムを搭載しているとか、安全なエアバッグシステムを装備しているとかいう話ではない。スーパーカブは庶民のモビリティだから、廉価である必要があり、特別な安全機能は装備していない。

基本性能がすぐれているのだ。その詳細については、追って分析していかなければならないことだが、ひとことでいえばスーパーカブは素晴らしくバランスのよいモビリティなのである。それがどのような走る時間をもたらすかといえば、ゆっくり走っても、最高スピードのゾーンで走っても、スーパーカブを運転操縦するのは楽しいという事実だ。ようするに、自在に走り、まがり、止まる、ができる楽しさがある。

この楽しさはスーパーカブを運転操縦したことがある人間にとって、好き嫌い、上手い下手などということを凌駕したところで感じられる楽しさである。だが、その楽しさを強調することは、本書は趣味の言論ではないから、それは本意ではない。スーパーカブを運転操縦したことがある人間とそうではない人間という分断をしてしまったら、私たちはスーパーカブという歴史的ヒット商品についての考察を共有し前進していけない。

歩きやすい靴や着心地のよい服と、スーパーカブはよく似た性質を持つという程度の比喩がよいと思う。そのような靴や服は、つまるところ人間に寄り添ってくる性能が高いわけで、そこがスーパーカブと同質なのである。

そのうえで理解を求めることは、走る工業製品としてのスーパーカブが、いかに使い勝手がよく、経済性が高く、愛嬌のあるルックスで廉価であっても、運転操縦する人間が楽しくなければ、生産累計一億台を達成できなかったという指摘である。走る工業製品のみならず、人びとが選んで親しむ、製品、商品、書物、音楽、絵画、映像、アーチスト、さらには思想家や政治家まで、まちがいなく人間を楽しませているものだ。

スーパーカブが乗って走って楽しくないモビリティであったならば、生産累計一億台を突破することはなかった。ましてや生産累計二億台をめざすことはありえない。

本書もまた、スーパーカブについて考えられる、あらんかぎりの事柄を分析批評するこころみによって、読者に読む楽しさをあたえたいと願ったところで、序章を終える。

第一章　最初の一台

スーパーカブC100(1958年)

誰がスーパーカブをつくったのか

六〇年間かけて生産累計一億台以上というスーパーカブが達成した数字をながめていると、「最初の一台」という、創始の数字が浮かんでくる。

最初の一台は、それがどのようにして生まれてきたのか興味を強くそそる。いったい、いかなる商品企画をしたら、半世紀以上のロングライフで、世界各国各地域で売れ続けるベストセラーを開発製造できるのか、という興味だ。

その興味は、スーパーカブが最初の一台から今日の一億台まで、商品コンセプトと、基本のメカニズム・レイアウトと、造形のシルエットを、ひとつも変更していないアクチュアリティすなわち現在進行中の事実によって、さらに関心を深める。

この最初の一台を、いつ、誰が、どこで、どのような目的で、商品企画を練り上げ、開発技術と生産技術を駆使して、製品開発をしたのかは、知る人ぞ知る話である。

スーパーカブの開発総責任者は、ホンダの創業社長である本田宗一郎（一九〇六－一九九一）その人であって、スーパーカブの商品企画をふくむビジネスモデルを構築したのは、もうひとりの創業者である藤澤武夫（一九一〇－一九八八）であった。

本田宗一郎は、たった二五年間でホンダを、従業員二〇名たらずの町工場から世界的な企業へと成長させた稀代の技術者社長である。没後二七年をすぎるが、いまだ信望おとろえず自著や伝記な

本田宗一郎（左・1906年11月17日 - 1991年8月5日）と藤澤武夫（右・1910年11月10日 - 1988年12月30日）。ふたりが出会い手を組んだ1949年頃の写真。

ど関連書籍の出版がひきもきらない。とりわけベンチャービジネスの経営者たちに強い影響をあたえている破格の人物だ。

一方の藤澤武夫は、本田宗一郎のパートナーとしてホンダの経営と営業を一手に担った凄腕の経営者だった。ホンダが株式会社となった翌年に経営陣に加わった藤澤武夫を、ホンダの正史は創業者と記している。藤澤について特筆すべきことは、本田宗一郎とホンダのゼネラルプロデューサーであったことだ。本田宗一郎をスーパースターの技術者社長として売り出し、ホンダの企業戦略を考え抜いて実行し、「ホンダ神話」を語りあげ、商品においても企業イメージにおいてもホンダブランドを確立した、文字どおりの経営プロデューサーだった。

スーパーカブの新発売は、ホンダの株式会社創立の一九四八年（昭和二三年）から、ちょうど一〇年後の一九五八年で、ときのホンダは中小企業の規模であったが日本一の二輪車メーカーであり、世界一をめざして勇猛果敢に活動していた時代である。

本田宗一郎はホンダ創業直後から「世界一でなければ日本一ではない」と演説して従業員を鼓舞していたという。従業員が十数人の零細企業ともいえないような会社が世界一をめざすという、凄まじい飛躍というか、ぶっ飛んだ発想こそが、この創業社長の真骨頂だった。

以上のようなホンダとスーパーカブについてのデフォルトを知れば、敏感なビジネスパーソンならば、次のような情報分析をするはずである。

スーパーカブの開発、製造、販売は、創業一〇年のホンダが社運を賭けた製品開発であり、ビジネスモデルであり、企業戦略だったのではないか。ホンダは今日、二輪車、四輪車、汎用製品、ジエット機などのモビリティメーカーであり、資本金八六〇億円（二〇一八年現在、以下同じ）、連結の従業員数約二一万五〇〇〇人、同じく連結の年間売上は一五兆三六〇〇億円という、おしもおされもせぬ世界的企業であるが、その原点にスーパーカブがあったのではないか――。

　これらの情報分析は、すべて当たっている。ホンダは社運を賭けてスーパーカブで大勝負をうった。その大勝負が、いかなるビジネスモデルであり企業戦略であったかを、今日的な言葉で分析しようとするのが本章の目的である。

原点はポンポン

　ホンダの株式会社設立は一九四八年（昭和二三年）の夏であった。

　日本が約一五年間続けたアジアと太平洋の戦争で壊滅的な敗戦をきっした一九四五年から三年後のことである。

　一九四五年の壊滅的な敗戦とは、民間人の死傷者が約一五〇万人、約二六〇万人の日本軍戦闘員が死亡し、沖縄で絶望的な地上戦が展開され、東京や大阪など大都市は空襲によって焼け野原になり、軍都であった広島と長崎に原子爆弾が投下され、大日本帝国政府は無条件降伏をし、闇経済が跋扈（ばっこ）して庶民は食糧難と物不足の生活苦に耐え、両親を失った子供たちが都会をさまよっていたと書けば、それだけで十分だろう。為政者選びをまちがうと庶民はひどい目にあうものだ。無条件降伏をした日本はアメリカ陸軍マッカーサー元帥をトップとする連合軍に占領され、国家の主権を失った。世界史上まれに見る凄惨な敗戦国家のありさまであった。

ホンダの創業社長となる本田宗一郎は、敗戦から一年間ほど経済活動を停止している。戦争中はピストンリングメーカーのオーナー社長であったが、敗戦直後に会社を売却して動きをとめ、世情を見つめていた。そのときの心境を本田宗一郎はこう書いている。

「〝民主主義〟[※4]ということがいわれだしたんですが、私には、どういうことかよくわからなかったんです」「戦前に天皇制教育[※5]をさんざん受けた者に、急に手のひらを返すように、「民主主義で行こう」と言っても、すぐには無理です。(中略)人には嘘をついて納得させることはできても、自分の気持ちは納得できませんからね」

天才豪傑伝説ばかりが喧伝される本田宗一郎だが、この人物の真価は一方でこのような透明な思考回路をもっていることだった。

本田宗一郎が動き出したのは敗戦から一年後である。ホームグラウンドの静岡県浜松市で、個人経営の本田技術研究所を開設して工作機械や内燃機の研究と製造を開始し、二年ほどで本田技研工業株式会社へと成長させてしまう。資本金は一〇〇万円だった。

個人経営の本田技術研究所時代は、機織り機やアイスキャンディー製造機などを開発製造するという紆余曲折があったものの、すぐにモビリティのヒット商品を世に出している。

バイクモーターであった。自転車にエンジンを搭載して走る原始的なオートバイのことである。その製造販売でホンダは、最初の成長を開始したのだった。

ただし、そのときのホンダは組立メーカーであって、自転車を買ってきては、敗戦によって旧日本陸軍が放出した六号無線機の発電用小型2ストロークエンジンを搭載し、駆動装置を取りつけて、バイクモーターを製造していた。エンジンと駆動系をセットにした自転車用補助エンジンのみの販売もしている。ガソリンタンクや駆動装置は、ホンダのオリジナル製品であったが、自動車メーカーとしてもっとも重要なエンジンの開発製造をしていない。

　バイクモーターは、一九世紀終盤にはじまったオートバイの歴史とともに考案され、二〇世紀になるとヨーロッパやアメリカで普及していたモビリティである。日本語では原動機付自転車で、現在五〇ccのオートバイやスクーターを「ゲンチャリ」と呼ぶのは、そこからきている。

　この時代の日本の庶民は、バイクモーターのことを、その素朴で愛嬌のある排気音から「ポンポン」とか「バタバタ」という愛称で呼んでいた。

　小型2ストロークエンジンが旧陸軍から大量に放出されていることを知った本田宗一郎が、そのエンジンでポンポンを製造しようと考えたのは、二輪四輪の自動車に精通する技術者社長としては至極当然のアイデアで、敗戦直後の食料と物資が不足する混乱した時代に、バイクモーターの存在を思い出したとさえいっていい製品企画だった。

　ポンポンは、エンジンを搭載するモビリティの底辺にある製品である。零細企業のホンダはボトムラインから出発する他に道はなかったのだが、このビジネスモデルはホンダのお家芸になっていくのだった。五〇cc小型オートバイのスーパーカブしかり、昨今のホンダジェットしかりである。

　ホンダが航空機産業へ進出する最初の製品となったホンダジェットは、パーソナル小型ジェット飛行機の分野で、いちばん安価で小さい。それはまぎれもないボトムラインの製品である。

ホンダのポンポンは一年間で約五〇〇台製造され、飛ぶように売れた。平均的なサラリーマンの初任給が一〇〇〇〇円をこえていない時代に、ホンダのポンポンは一台八〇〇〇円で、現代の軽自動車に相当する価格帯のモビリティだった。

ポンポンに搭載していた発電用小型エンジンが放出され尽くして売り切れ、小型エンジンの調達が困難になったとき、本田宗一郎は素早く2ストロークエンジン開発に着手している。

当初はエントツエンジンと呼ばれた独自のアイデアに挑戦したが、それはアイデアが現実に追いつかず失敗に終わった。もちろん開発そのものが中止されることはなく、ほどなく記念すべきホンダブランド初のオリジナル・エンジンとなる2ストローク五〇cc最高出力一馬力のホンダA型エンジンの開発に成功している。このA型エンジンは故障の少ない優秀なエンジンだったので、四年後の一九五一年までA型エンジンとそのポンポンの製造販売を継続した。

このホンダの黎明期の事業展開で確認しておきたいのは、ポンポンという自転車に毛がはえたようなオートバイで、ホンダはモビリティメーカーになったということだ。やがてホンダが、小さなスーパーカブで世界的企業へと圧倒的な成長を開始する原点は、このポンポンにあった。

また着目してほしいのは、本田宗一郎が最初のエンジン開発に失敗していることである。この稀代の技術者が、本気になって技術開発をすると、最初は必ずといっていいほど失敗するのであった。技術の夢を見るからである。その夢が、どんなに現実離れをしていようが、夢に向かって突進していく。当然のことながら叶わぬ夢は失敗をもたらすが、そこから諦めるという言葉のない試行錯誤がはじまり、やがて技術開発に成功する。本田宗一郎の行動原理は「やってみなければ、わからないじゃないか」で、まずやってみる。それで失敗すれば、またやり直す。これが本田宗一郎を天才技術者と呼ぶ所以（ゆえん）だ。技術の夢を実現するまで思考と行動を停止しない。

エンジンの自社開発に成功し、二輪メーカーとしての足場を固めたホンダは、個人工場の本田技術研究所から株式会社本田技研工業へと成長した。翌年の一九四九年には藤澤武夫が常務取締役として入社し、いよいよ飛躍のときをむかえる。

敗戦が生み出したコンシューマー・ビジネス

創業間もないホンダの急成長を正確に理解するためには、当時の第二次産業と工業製品の時代的状況について理解しておく必要がある。

一九四五年に敗戦する前の時代、その戦前の時代に、日本の庶民の家庭にあった近代工業製品は、せいぜい電球とラジオで、モビリティがあったとしたら自転車で、音楽好きならば蓄音機を所有している程度である。テレビ放送ははじまっていないし、電気冷蔵庫、電気洗濯機、エアコンディショナーは庶民家庭になかった。有線電話機すら庶民家庭には普及していないし、もちろん携帯電話もなければパーソナルコンピュータもない。大都市の一部をのぞいては、下水道も都市ガスも整備されていなかった。食事は土間の竈（かまど）で煮炊きするのが当たり前だった。一九六〇年代までは東京二三区内でも風呂を薪（まき）で焚く庶民家庭がめずらしくなかった。戦前の庶民で、一生のうちに四輪自動車を所有することがあると思っていた人はいなかっただろう。

ようするに戦前の日本は、家庭向けの工業製品つまり電化製品や自動車といったコンシューマー向けの商品が圧倒的に少ない時代であった。

もちろん戦前の日本に近代工業がなかったわけではない。むしろ最初の隆盛期をむかえていた。江戸時代末期に江戸幕府は近代工業を興し、一八六八年にはじまる明治時代からは富国強兵政策が大日本帝国政府の基本方針になったので、近代工業はひたすら右肩上がりで伸びていった。何を製造して急激な成長をしていたかといえば、国家が必要とした機械である。そのなかには鉄道や船舶といった公共交通の道具もあったが、おもに軍用艦、軍用機、戦車、武器兵器などの戦争の道具だった。戦前の近代工業の内実は軍需産業だった。

この戦前に、現代へと続く複数の大手四輪自動車メーカーが創業している。それは軍用トラックなど軍用車の需要をビジネスチャンスとしてとらえたからであった。近代工業を推進し、軍需産業を独占していた三菱などの財閥資本が本格的に自動車製造業に手を出さなかったのは、飛び抜けて高額の軍艦や軍用機とくらべたら、自動車は一台あたりの利益があまりにも薄かったからだ。しかも、その割に部品点数が多いので、幅広い部品工場を育成しなければならない。つまり財閥資本が手を出しあぐねた自動車製造業は新興資本が進出できる数少ない軍需産業の分野だったのである。

戦前の日本は戦争の時代が続いていたから、武器兵器の優劣は、そのまま国家の存亡を決定してしまうので、日本の工業は大いに発展していた。しかしそのメインの顧客は国家と軍隊であって、コンシューマーではなかったのである。

こうした状況は、ホンダの創業者である本田宗一郎も藤澤武夫も先刻承知であった。

戦前の本田宗一郎は、自動車修理工場の経営で成功すると、ピストンリングのメーカーを興した。製造したピストンリングは、自動車メーカーだけではなく中島飛行機へも納入していた。中島飛行機は日本最大の軍用機メーカーにして、日本最大規模の国営企業となるメーカーだった。

藤澤武夫は切削工具のメーカーである日本機工研究所を戦前に経営していた。この切削工具のおもな納入先も中島飛行機であった。

したがって本田宗一郎も藤澤武夫も、戦前の工業界の現実をよく知っていた。国家と軍隊の仕事を民間企業が受注すると、工場の敷地と建坪、従業員数、製作機械の種類と数などで、仕事が分配された。仕様書どおりの製品を製造すればよく、利益率は一定二〇%だった。ようするに、生産効率向上の努力を評価せず、創意工夫して製品をつくる必要がなく、コスト低減の必要すらなかった。そこには近代工業の発達に不可欠な自由競争がなかったのである。

ところが壊滅的な敗戦によって、アメリカを主体とする連合軍に日本は占領され、占領軍は日本の軍隊を解体した。それまで工業界の最大最高のお得意様であった軍隊が消えてしまった。

こうして日本の工業界は、民需拡大の方向を手探りせざるをえなくなる。コンシューマー・ビジネスが発達していたアメリカという格好のお手本があった。

日本最大の国営企業となっていた中島飛行機は占領軍によって解体され、いくつかのメーカーに分社整理されてしまうが、それらのメーカーは軍用機製造の技術を転用してバスの車体製造やスクーター製造を開始するのだった。これが現在のユニークな自動車メーカーであるSUBARUの前身になる。軍需産業の雄であった三菱にもスクーター製造の部門が生まれている。この部門が三菱自動車工業の前身になった。軍用車両の代表的なメーカーであったいすゞは、現在はバスとトラックのメーカーになっている。軍用トラックを製造していた新興自動車メーカーのトヨタと日産も、戦後は大衆車メーカーへと舵を切っていった。

しかし、日本の軍需産業は、再軍備による自衛隊の創設（一九五四年）にともなって防衛産業と名を変えて復活し、産業分野における地位を取り戻す。国家が民間へ発注する仕事は公共事業になり、第二次産業の社会性と利益構造の根幹は戦前と戦後で大きな変化をしていない。ただし、その一部にコンシューマー・ビジネスという新しい産業分野の空間が発生したのであった。

その代表がモビリティと家庭用電化製品の分野である。第三次産業でも保険やローン、クレジットなどのコンシューマー・ファイナンス・ビジネスが発展し、それは第二次産業のコンシューマー・ビジネスと不可分の関係にあることはいうまでもない。

日本において家庭用電化製品メーカーが成長するのは戦後の一九五〇年代から六〇年代にかけてで、テレビ、冷蔵庫、洗濯機、炊飯器、こたつ、電話機、オーディオ、クーラーなどの家電メーカーが台頭してくる。一九六〇年代後半になると、日本の庶民家庭の夢は「三C」を所有することであった。三Cとはカラーテレビ、カー、クーラーのことである。文字どおり家電と自動車だった。

コンシューマー・ビジネスの産業が台頭していったのは、家電と自動車に顕著だが、それは輸出に代表される海外進出による利益拡大が見込めるという理由が大きい。また、多くの優秀な人材が、戦前のように優先的に国家機関、軍隊、軍需産業に吸収されることなく、コンシューマー・ビジネス分野へ分散していったからだ。

ホンダはまさに戦後生まれのコンシューマー・ビジネスの企業であった。

強力な経営体制の確立

ポンポンそしてオリジナルのA型エンジンによってバイクモーターのメーカーとしてホンダは成長を開始し、バイクモーター商品は一年ごとに新車開発がおこなわれB型からC型へと進化していった。株式会社となった一九四八年（昭和二三年）の翌年には、本格的なオートバイであるドリームD型を開発製造するところまでジャンプアップしている。しかし経営が、あまりにも不安定だった。営業部門が脆弱なために資金繰りに苦しめられ、従業員給料の遅配と欠配すらあった。

商品開発と製造は、猪突猛進の本田宗一郎が陣頭指揮しているから、これは猛烈な勢いで前進していくが、営業と経営がいかにも弱かった。

もとより本田宗一郎は営業と経営が苦手であった。郷里の静岡県天龍の高等小学校（現在の中学校にあたる）卒業後に、東京の自動車修理工場の見習い工員となって自動車技術を身につけ、二一歳で浜松市で独立開業すると、たちまちのうちに東海地方最大の自動車修理工場にしてしまう人物であるから、技術力は群を抜いていた。しかし、営業と経営のデスクワークは、まどろっこしくてやっていられないタイプだった。じれったがり屋だからである。本田宗一郎の生家は自転車の販売修理で繁盛していたので、その長男である宗一郎を当時の中学（現在の高校相当）、高等学校（大学相当）、さらに望めば進学率一％以下だった大学まで進学させる財力があった。だが、その長男は、なにがなんでもいち早く自動車技術の現場に行きたくて一六歳の年に就職してしまう。奉公と呼ばれた、技術を身につけるために住み込みで働く低賃金労働だが、当時はごく当たり前の修業方法だった。学校で知識を身につけるのではなく、修理現場で働きながら技術と知識を学ぶのである。本田宗一郎のまどろっこしいことが大嫌いというのは、そういうことであった。

　したがって二〇代の半ばで自動車修理工場を東海地方随一に育てあげたときも、三〇歳を前にしてピストンリング製造メーカーを興したときも、営業と経営は信頼する加藤七郎という国会議員までつとめた人物にまかせていたのである。一七歳年長の加藤七郎は、本田宗一郎が興す事業の経営者である以上に後見人だった。

　ようするに本田宗一郎は若くして、自分の得手不得手、つまり限界を知っていたということである。己れを知る者が人生の達人だとしたら、本田宗一郎はたしかに達人であった。「本田宗一郎の最大の才能は、人間の心がわかることだ」とゆかりの人たちは断言するが、それは本田宗一郎が自分という人間のダメな部分を心底から知っていたからだろう。自分が偉く賢く正しいと思い込んでしまった人に、人間の心がわかるわけがない。

　だが、戦前に加藤七郎が亡くなり、戦後に興したホンダには加藤七郎に相当する人物がいなかったのである。

　しかし、本田宗一郎を遠くから見つめている人物がいた。本田宗一郎をして「藤澤の言っていることが、もっともなことだと思ったら、それは世界中の人の言葉だと思わなければしょうがない」と言わしめた藤澤武夫である。この人物と本田宗一郎がパートナーシップを組まなければホンダはとうに潰れていたとホンダの古参従業員たちは口を揃える。

藤澤武夫は一九一〇年（明治四三年）東京生まれで、宗一郎より四歳年下である。小中学校の教員をめざしたが高等師範（現在の大学相当）の受験で失敗し、一七歳で社会に出た。適職を求めて転職を重ね、やがて郵便物の宛名書きや賞状書きをする筆耕者になった。二四歳のときに直感をえて鋼鉄小売商に入社し営業を担当すると、たちまち頭角をあらわし小売商の経営をまかされることになる。営業は天職だった。三三歳で独立して切削工具製造業を興した。得意先のひとつが中島飛行機であったことはすでに書いたが、懇意にしていた中島飛行機の技師から、浜松に本田宗一郎という叩き上げの天才技術者がいると何度も聞かされている。日本敗戦後は戦後復興をビジネスチャンスとして材木店を開いた。

そのとき藤澤武夫は、偶然に（と藤澤は書いている）中島飛行機の元技師と再会し、本田宗一郎がホンダを興したことを知る。営業と経営をになう人材を探していることも知った。千載一遇の情報を得た藤澤武夫の動きは素早かった。材木店をたたみ、ホンダの資本金に投資する二五万円を手にして、ホンダの常務取締役となったのは、それから二か月後であった。短期間でホンダの営業と経営を掌握した藤澤武夫は、浜松から東京へ本社機能を移転して、今日のホンダの基礎を固める。後に「浜松の人[※6]はみんな彼を逃がしてしまったのですよ。技術者として有名であり、人間としてもすばらしい男なのに、だれもあの人をつかまえなかった」と書いている。

パートナーシップを結んだとき、本田宗一郎は四三歳、藤澤武夫は三九歳である。破滅的な戦争の時代を生き抜き、人の世のなんたるかをそこそこ理解した働き盛りの年齢だった。そのふたりが、目の前に出現したコンシューマー・マーケットを見据えて、事業を興して人生の勝負をかけた。「一丁やってやろうじゃないか」と心のなかでつぶやいた声が聞こえてくるようだ。

本田宗一郎と藤澤武夫が、最初に実行したことは徹底的に話しあうことであった。昼も夜も時間をみつけては本田宗一郎の話を聞き続ける。泊まり込みで話しあうことも、しばしばあった。それがどれほど徹底していたかといえば、本田宗一郎が「すべてを話し、もう話すことがなくなった」と言っていることでわかる。いくら本田宗一郎が陽気でエネルギッシュな語り部だとしても、じっと黙って他者の話を聞き続け、ときに話を前進させるための質問をはさむことは、根気と体力のいる作業だ。肝胆相照らす意思一致にいたったということなのだろうが、藤澤武夫もまた「社長と僕の意思の疎通は、どんな問題でも、二分間話しあえば片づく」と言った。

ふたりが意思一致した基本方針は、ホンダをコンシューマー・ビジネスをするナンバーワンの自動車メーカーへと成長させることだった。ホンダがターゲットとするカスタマーは消費者という個人なのである。この基本方針は今日においても貫徹されていて、ホンダが製造販売するモビリティ製品には、バスや大型トラックが存在しないし、タクシー会社に大量販売することもない。

消費者ひとりひとりをカスタマーにするためには、個々人が魅力を感じ自分の目で選んで買うホンダ製品と、そのブランドイメージを構築しなければならない。また、本田宗一郎と藤澤武夫は、ホンダはどこにもないユニークで自由な個性のある会社であるべきだと考えた。個人が誇るべきものは、家柄や社会的地位ではなく、個性だからである。

そのうえで現実的かつ具体的な中期目標をさだめている。月商五億円だった。そのとき一九五〇年（昭和二五年）のホンダの平均月商は二六〇万円程度にすぎなかった。

4（フォー）ストロークへの挑戦

一九五〇年前期の段階でホンダは、まだ資本金二〇〇万円の新興オートバイメーカーである。日本の二輪車マーケットは、財閥系の三菱や富士重工が製造販売するスクーターが上級車種として人気があり、その下にエーブスターやミシマといった大手メーカーの小型オートバイが位置していた。そのまた下に、ホンダの主力商品であるバイクモーターの市場があるのだから、二輪車業界におけるホンダの位置は最底辺であった。小型オートバイであるホンダ・ドリームD型の製造販売にこぎつけて勢いを増していたが、ようやく小型オートバイの分野に進出した新参メーカーにすぎなかった。しかしホンダは、それからたった一年間で販売台数だけは日本一のオートバイメーカーになってしまう。

一九五〇年六月に朝鮮戦争が勃発したからだ。この戦争は朝鮮半島の分断国家である大韓民国と朝鮮民主主義人民共和国の民族国家統一戦争であったが、東西冷戦構造すなわちアメリカを盟主とする西側の資本主義・自由主義陣営と、ソビエト連邦を盟主とする東側の共産主義・社会主義陣営の局地戦でもあった。アメリカを代表とする連合国に占領されていた日本は、朝鮮戦争に直接介入したアメリカ軍の後方基地となり、ふたたび戦争の時代をむかえるかもしれないという不安をかかえた。しかし一方で、広範囲な産業にわたって大きな米軍特需が発生し景気が急上昇したのである。

物量作戦をとるアメリカ軍は武器や弾薬のみならず、軍隊の衣食住、福利厚生の物資などを日本で調達したのだから、日本の景気は舞い上がるように上昇した。

この好景気は、低価格帯のバイクモーターを主力商品とするホンダにとって有利にはたらいた。好景気が庶民の生活経済を底上げし、それまで自転車に乗っていた庶民がホンダのバイクモーターを買い、ホンダのバイクモーターのカスタマーたちは、もう一台のバイクモーターを買い足すか、本格的オートバイのホンダ・ドリームD型に買い替えるという市場状況になったからだ。したがって、もっとも売上台数が伸びたのはバイクモーターである。当時の日本には約二〇社のオートバイメーカーがあったが、ホンダはバイクモーターをふくむオートバイ市場で二五％ものシェアを獲得し、販売台数だけは日本一のオートバイメーカーになった。

この好景気の大波は、本田宗一郎と藤澤武夫が考え詰め実行に移していた企業戦略とビジネスモデルの追い風になった。

企業戦略の柱は東京工場の新設である。当初、月産三〇〇台を生産目標とした東京工場は、二年後には月産一〇〇〇台まで生産能力を拡大している。このような大量生産が可能な工場をまず建設した。これは製造業における企業戦略の基本中の基本だ。

ホンダにかぎらず製造業は工場を基礎としている。商品の企画や技術開発、販売戦略や宣伝広告は、華やかな話題になるときがあり目立つ仕事だが、メーカーの根幹は製造現場である工場にある。工場は品質を決定し、現実の利益を稼ぎ出す現場だ。工場から出荷した商品は、そのままカスタマーへと手渡されるのだから、いかに新企画の新技術商品であっても、工場で無駄なコストがかからずに生産できなければ商品にはならず、市場におけるその商品性のすべては工場が決定している。工場を現場と呼んで尊重し大切にしているメーカーがあるが当然のことだろう。昔もいまも一部の製造業で生産工場における不当労働や不正検査などの欺瞞行為が発覚することがあるが、それはきわめて深刻な事態であって、その製造業の根幹が腐っているということである。

天才的な技術者としてメディアで語られることが多い本田宗一郎にしても、その技術者としての正体は生産技術者にあった。この苦労人の天才技術者は、工場でつくりづらい部品を設計する若い設計者を厳しく指導することがたびたびあった。

東京工場の建設計画と同時に、ふたつのビジネスモデルが企画された。ひとつは高性能な4（フォー）ストロークエンジンを搭載する小型オートバイの開発である。

この時代の小型オートバイや小型スクーターは2（ツー）ストロークエンジンを搭載した機種ばかりで、ホンダのバイクモーターと小型オートバイのエンジンも同様であった。2ストロークエンジンは4ストロークエンジンにくらべて構造がシンプルなために、製造コストが低く、販売価格をおさえなければならない小型オートバイ商品に採用されていたのである。

しかし本田宗一郎は、2ストロークエンジンのバイクモーターA型を台湾へ輸出したときに、オーバーヒートのトラブルで悩まされたことなどから、2ストロークエンジンの不安定さを嫌っていた。2ストロークエンジンは4ストロークエンジンにくらべて、軽量コンパクトで、鋭い加速性能をえやすいといった利点は少なくないが、どちらが燃費よく低公害で洗練されたエンジンに仕上げられるかといえば、4ストロークエンジンに軍配が上がる。いま現在のモビリティのエンジンは、その圧倒的多数が4ストロークエンジンを搭載していることからも、そのことはあきらかだ。だが、4ストロークエンジンは2ストロークエンジンより機構が複雑になり、大柄になるので重く、必然的に製造コストがかかる。

本田宗一郎は4ストロークエンジンこそ未来ある高性能エンジンになると考えていて、その技術開発にチャレンジできるときを待っていた。これは技術者としての慧眼であった。

藤澤武夫もまた4ストロークエンジンの開発計画に諸手を挙げて賛成し、早期の商品化を催促していた。高級大型オートバイのものだと考えられていた4ストロークエンジンを、小型オートバイに搭載できれば、理想の小型オートバイをコンシューマーに提供することができる。しかも世界中のオートバイメーカーの上をゆく高い技術力をアピールすることができるからだ。

本田宗一郎はおよそ六か月間で、排気量一四六ccの4ストローク単気筒エンジンを開発した。「他社の二〇〇ccエンジンに負けない内容がある」と言い切る自信作であった。このE型エンジンを搭載したホンダ・ドリームE型は一九五一年一〇月に新発売され、朝鮮戦争特需の大波に乗り、たちまちのうちにヒット商品となった。高性能4ストロークエンジンを搭載したドリームE型は、抜群の商品力があり、月産一三〇台ではじまった生産計画が、半年後に月産五〇〇台を突破するほどであった。このヒットでえた利益は、ふたたび首都圏での新工場建設に投資された。新興メーカーのホンダは既成の生産設備を持っていないので、利益を手にしたら、それを新工場建設に投資する以外に成長していく道がなかったのである。

高性能を旗印にした商品を開発し、その商品力をもって市場を席巻し、ひいては企業そのものをリードしていくというホンダのビジネススタイルがここで確立した。

4ストロークエンジン搭載の高性能小型オートバイ商品のヒットで、4ストローク路線を華々しくスタートさせたホンダは、当然のことながら次なる新商品を用意している。

その新商品とは、カブF型であった。さらなる高性能オートバイではなく、ボトムラインの大衆商品である五〇ccエンジンのバイクモーターで、そのエンジンは2ストロークだった。4ストロークエンジン商品の高性能路線を突っ走ることなく、コンシューマー・ビジネスの基礎をしっかり固めようという地道なビジネスモデルである。

ここにきてホンダのオートバイ商品の歴史に、カブ＝Cubの名前が登場するのであった。

バイクモーターの傑作　カブF型

手持ちの英和辞典をひくと、カブ＝Cubは「(きつね・くま・ライオンなどの)野獣の子（しつけの悪い）子供」とある。アメリカ口語では「見習い、新米（の記者）」だ。「(ボーイスカウトの）幼年団員」という意味もある。

当時のホンダの車名については、誰が、どのような発想をしてネーミングしたのかという資料がまったく残されていない。そもそも最初の商品であるポンポンには記号すらなく、初めて独自に開発したエンジンを搭載したバイクモーターはホンダA型と名づけられているぐらいでそっけない。車名ではなく記号をつけるのは、おそらくヨーロッパの自動車メーカーのやり方をお手本にしたのだろう。ようやく四つ目のオリジナル・エンジンを搭載した小型オートバイで、ホンダ・ドリームD型と車名がついた。そのドリームにしても「私が夢のようなことばかり言っていたから、誰かがドリームと名づけたんじゃないか」と本田宗一郎が言っているぐらいだから、熟考のすえに魅力的な車名をつけて大いに売ろうとは考えていなかったようだ。車名は二の次で、使い勝手がよくて信頼耐久性があり、走って楽しいモビリティならば、コンシューマーがホンダを選んで購入してくれると思っていたのだろう。勝負をかけるのは性能と品質だった。

したがってカブも、誰が発案した車名かわかっていない。一説にはオイチョカブのカブからとったというユーモラスな話も伝わっているが、はたして本当のことかはわからない。イギリスの自動車メーカーであるトライアンフに、タイガーカブという小型オートバイがあったので、そこからヒントをえたという説も流布しているが、タイガーカブは一九五四年からの製造開始とする資料が多いので、一九五二年に新発売されたホンダ・カブF型のヒントにしようがない。開発当初はバンビィという車名がつけられていたのだが、それをカブに変更すると決定したのは、誰なのかという想像はたやすい。営業の総責任者であった藤澤武夫以外にはいない。

そもそもカブF型の商品企画は、藤澤武夫が計画したビジネスモデルである。高性能な4ストロークエンジンのドリームE型がヒットして、資本金を三倍の六〇〇万円に増資する見込みが立つほどホンダのビジネスが順調に成長している。しかも自動車の免許証制度が改正され、一四歳以上が許可をうければ無免許で運転できる原動機付自転車（2ストロークは六〇cc以下、4ストロークは九〇cc以下）の区分がつくられ、それまで二輪免許証がない人が乗っていても大目に見られていた

ホンダA型(1947年)

およそ4年間にわたって生産された、ホンダのオリジナル・エンジン第一弾モデル。2ストローク50ccエンジンと駆動系部品、補機類、アタッチメントなどが製作され、店頭にて自転車へ取りつけられた。ガソリンタンクには漏れを防ぐため漆が塗られていた。

ドリームD型(1949年)

ホンダにとって最初の本格的オートバイとなったモデル。搭載されたエンジンは2ストローク98ccで3.5馬力を発揮した。当時、スチールパイプの入手が困難だったことや、大量生産に向いていることから、スーパーカブと同様プレスフレームが採用されている。

ドリームE型(1951年)

最高出力5.5馬力を発揮する4ストローク146ccエンジンを搭載し、その高性能でホンダおよびドリームの名声を高めたヒットモデル。当時はエンジンを休ませながら登るのが当たり前だった箱根の峠越えをノンストップで可能にする技術的タフネスが売りだった。

カブF型(1951年)

A型と同様、自転車に取りつけるタイプのエンジンは小型の2ストローク49ccで、当時としては世界最軽量だった。白いガソリンタンクと赤いエンジンのモダンな組み合わせが印象的なモデル。月産1万台をこえる大ヒットで、老若男女のパーソナルモビリティになった。

バイクモーターの運転資格が法制化された。また戦後復興の経済政策で統制されていたガソリンの販売が自由化され、新人サラリーマンの年収が一〇万円をこえるほどにまで日本経済は復活し、コンシューマーの購買力がますます向上している。手軽に使えるパーソナルモビリティを求めて大衆的なオートバイブームが起こるきざしがあり、これはまぎれもないビジネスチャンスであった。

藤澤武夫の商品企画は、軽便な自転車以上のモビリティを求めている女性をふくむ層をターゲットに設定していた。このターゲット設定の核心は、いままでバイクモーターに乗ったことがない人びとに向けて、カブF型を製造販売するというものだ。バイクモーターに乗ったことがある人より、乗ったことがない人のほうが圧倒的に多数であることはいうまでもない。つまり想定できる最大のマーケットへ向けての商品企画であった。

したがってカブF型は、自転車に親しんできたコンシューマーにとって使い勝手がよくて走行が安定しているのは当然として、それまでのバイクモーターの欠点であった、エンジンから漏れ飛ぶ微量のガソリンやオイルで、乗員の衣服を汚すことがあってはならなかった。

これらのカブF型の商品企画を、技術開発を取り仕切る本田宗一郎は難なく実際の製品で実現した。傑作といわれたA型エンジンをベースにして、小型軽量の五〇cc2ストロークエンジンを開発したのである。この新型エンジンを自転車のリヤタイヤ周辺に燃料タンクとともに取りつける設計だった。従来のバイクモーターはエンジンを自転車のダイヤモンドフレームの真ん中に置くタイプが大多数だったが、それではエンジンから漏れ飛ぶガソリンやオイルで乗員の衣服を汚す恐れがある。しかしリヤタイヤ周辺にエンジンと燃料タンクがあれば、万が一ガソリンやオイルが漏れ飛んでも乗員の衣服を汚すことがない。また、カブF型のエンジン搭載位置をリヤタイヤ周辺のできるだけ低い位置に置いた。この位置に重量物であるエンジンを置くと、重心が低くなるので走行安定性が向上する。

このエンジンの搭載位置は、すでにイギリスのBSA社のバイクモーターで商品化しているメカニズム・レイアウトだったので新発明ではないが、本田宗一郎はもうひと工夫をほどこした。BSA社はベルト駆動だが、カブF型はチェーン駆動であった。チェーン駆動のほうが、ベルト駆動より丈夫で駆動伝達ロスが少ないので、凸凹道でもヌカるんだ道でも力強く走るからである。当時の日本は東京都内でも未舗装の道路が多く、国道一号線ですら、大都市部をのぞけば、ほとんどが未舗装の砂利道であった。

こうした工夫をこらしたメカニズム・レイアウトを可能にしたのは、エンジンの軽量化が実現できたからである。従来のバイクモーターのエンジンは軒並み一四kg前後の重さであったが、カブF型のエンジン単体はその半分以下の六kgであった。軽くするのは、小さくするのと同様に、技術進化の王道である。ある技術商品が、軽く小さくなったら、それは技術の進化を意味する。しかし小型軽量化は、それが王道であるから簡単なことではない。カブF型エンジンの場合は、ダイキャスト製法による軽合金部品をふんだんに採用したことで軽量化に成功している。もちろん軽合金ダイキャスト部品は製造コストをおし上げるのだが、本田宗一郎は、ホンダのカスタマーは高性能を愛するコンシューマーであると信じていたし、「コストは量産で取り返す」という自信があった。

コストを取り返すためにはカブF型をヒット商品にしなくてはならず、発売後に故障など不具合が出ては評判が上がらない。そのために商品開発にあたっては十二分の走行テストが必要だった。本田宗一郎がこのとき採用したテスト方法は現実的かつ入念であった。

カブF型はエンジンと駆動部品のセット商品だから、この商品を購入したカスタマーは自分の自転車に取りつけてバイクモーターを完成させる。そのような商品であったので、なるべく多くの実用自転車に取りつけ可能な設計にしてあった。しかし、取りつけることができたからといって、確実に作動して、よく走るかどうかは、テスト走行しなければわからない。そこでカブF型の開発チームは、日本で売られている実用自転車を何種類も購入して、カブF型を取りつけてみる必要があった。取りつけ可能であることを確認すると、具合よく走行できるかどうかをテスト走行した。

本田宗一郎と藤澤武夫は、これらすべての試作車を長距離ロードテストにかけることにした。それは全社一丸となっておこなう社内イベントとして企画され、埼玉県の白子工場から静岡県の浜松工場まで二泊三日かけて、約三〇〇㎞を走破する計画だった。このルートを走ると、当時はエンジン搭載のモビリティにとって難所であった箱根の山をこえなければならないので、最良のトライアルになる。しかも、この長距離ロードテストは、さらにひと工夫してあった。試作車を運転して走らせる役を、バイクモーターに乗り慣れていない従業員にまかせたのである。カブF型のターゲットは、いままでバイクモーターに乗ったことがない人びとであったから、当然といえば当然の人選である。ベテランのオートバイ乗りがテスト走行すれば、エンジンや車体を労（いたわ）って走るテクニックがあるので、それではは一般カスタマーを想定したテスト走行にはならない。

カブF型の商品企画と開発プロセスは、ことほどさようにあますことなく考え抜かれたものであった。入念な企画と開発というだけではなく、ここまでやるかと思わせる社内イベント的な長距離ロードテストを実施して、全従業員をカブＦ型開発に参加させている。全社一丸となって、自分たちがやれることはすべてやる、という用意周到さだ。

現代の製造業ならば、コストや手間がかかる技術開発やテストは、効率的技術開発という名のもとに、ベンチャー企業から技術を買ったり、部品メーカーにアウトソーシングをするのだろう。しかし当時のホンダには、手を油まみれにし汗をかいて自分たちでやらなければならない理由があった。新興のモビリティメーカーであるホンダには、蓄積された技術や経験がないからである。

なにがなんでもコンシューマーを魅了する最高レベルのモビリティ商品に仕上げるのだ、という強烈な意志が本田宗一郎と藤澤武夫にはあった。

だが、カブＦ型のビジネスモデルと企業戦略は、これだけではなかったのである。

よく考え錬られた大胆な営業販売戦略があった。新しい販売網を構築しようという戦略である。新興のホンダの販売網には専売店がほとんどなかった。それは独自の販売網がないということにひとしい。そこで藤澤武夫が考えたのは、全国各地の自転車店にカブＦ型の販売をしないかと呼びかけることであった。カブＦ型は自転車に取りつけるバイクモーターなのだから、全国の自転車店を販売網に組織するのは道理にかなっているが、この発想の起点にあるのは、それまでバイクモーターを販売したことがない自転車店をバイクモーターの販売店にすることである。オートバイやスクーターがブームになっていたから、従来の自転車店は自転車の人気が下がりはしないかと商売の行く先に不安を感じていただろう。そこにホンダからカブＦ型の販売をしないかと誘われ、魅力的な新商品を取り扱うことができる。ホンダにとっても、この戦略が成功すれば、独自の販売ルートを開拓でき、将来的にはホンダ専売店へと成長する可能性もある。

ホンダは全国各地に五万五〇〇〇店ある自転車店へダイレクトメールを発送し、カブF型の販売店になることを提案した。この販売戦略は当たった。五〇％以上の三万店からの応募があり、ホンダはそのうち一万三〇〇〇店を選んでカブF型の販売店網を組織した。

一九五二年（昭和二七年）に販売が開始されたカブF型は、洒落たデザインのエンジンカバーが真っ赤に塗装され、正円形のガソリンタンクは真っ白というカラーリングであった。老若男女が親しみやすく、攻撃性のないカラフルな形状である。宣伝広告のキャッチコピーは「白いタンクに赤いエンジン」だった。さらにカブF型は梱包方法も完全に一新した。それまでホンダではこもむしろに包んで木箱に入れていた。しかしカブF型では特注の段ボール箱で、Cubのロゴはもちろん、バイクモーターやホンダモーターまで、すべてをアルファベット表記にしたバタ臭いデザインであった。このアイデアは藤澤武夫で「アメリカのデパートでクリスマスのプレゼント用に手軽に買えるような商品にしたい」という発想からきている。ただし、このとき本田宗一郎も藤澤武夫もアメリカへ行ったことがなかったので、これは輸入公開されていたアメリカ映画からの影響だろう。

ここまでやり切って勝負をかけたカブF型は、企画どおりの大ヒット商品になった。定価二万五〇〇〇円は新人サラリーマンの月給四か月分相当であったが、当初の月産計画三〇〇〇台は半年後には七〇〇〇台と二倍以上になる。ドリームE型の販売も好調で、カブF型とあわせると、日本全体のオートバイ月産台数の八〇％をホンダが占める月があり、その月の売上金額は四億円をこえた。

ホンダの年間売上金額を見ても、カブF型とドリームE型が、爆発的にヒットしたことがわかる。前期一九五一年の年間売上三億三〇〇〇万円強にたいして、翌五二年は二四億三八〇〇万円と、実に七・四五倍である。

藤澤武夫は経営のリアリズムを失わない人物で「売掛金は最少、在庫も最少」を方針とし、販売店からきちんと集金し、カブF型にいたっては全額前金であった。こうして現金売上を稼ぐと、部品メーカーへの支払いは五か月の手形にして、常時二億円以上の現金を手元に置いた。その現金で経営基盤の整備、社内体制の確立を猛スピードですすめた。これほどの売上急上昇になると、経営基盤と社内体制の改善が追いつかなくなり、自滅する恐れがあったからだ。

絶好調のホンダはここでも大型設備投資を決定している。ドイツ、スイス、アメリカから高性能な工作機械の購入計画を発表した。その総額は四億五〇〇〇万円だった。ホンダの資本金が一五〇〇万円になろうとしているときである。後に本田宗一郎はこう言っている。

[※7]「まだ日本も貧しい時代で、結局、自分が幸せになるには、日本を幸せにしなけりゃいけない。そういうふうに考えて、高い機械だったけど思いきってドンと入れたんです。それでうちがもしつぶれても、国にそれだけの機械が残れば俺は日本に貢献したんだと。こう言えば格好いいけど、まあ、あきらめと同時に捨てばちの気持といったところですかね」

ホンダの突出した急成長は、産業界の衝撃的なニュースになった。株式会社設立から五年で日本最大のオートバイメーカーになったのである。松下電器を興した「経営の神様」松下幸之助がホンダの工場視察を申し入れてくるほど、ホンダは産業界の寵児となった。

しかしながら絶好調が続くということはありえない。ましてや足腰が鍛えられていない新興のホンダである。朝鮮戦争が停戦して特需景気が終わると、「なべ底不況」と呼ばれる不景気風が吹きはじめる。コンシューマー・ビジネスは本来的に景気に左右されるものだ。

しかも商品が会社をリードするホンダで、屋台骨のドリーム、カブF型の人気におとろえがみえてきた。そこに高級スクーター商品として売り出したジュノオの販売不振がおおいかぶさる。一九五四年（昭和二九年）になると、ホンダは一五億円もの手形決済に追われ、メディアは「ホンダ倒産か」の記事を書きたてた。戦後に生まれた二輪車メーカーの倒産が相次いでいたからである。

年間の売上金額を見れば、ホンダがこのとき陥った不振の激しさがわかる。前年一九五三年は七七億二九〇〇万円だったが、五四年は五九億七九〇〇万円に落ち込んでいる。前年比で二三％も売上を落とした。五五年はさらに前年比一三％落として五二億二五〇〇万円である。ホンダ危機説をメディアに書きたてられても不思議はない。

本田宗一郎も藤澤武夫も、企業の浮き沈みは想定内であって、一九五三年には資本金を六〇〇〇万円へ、五六年は一億二〇〇〇万円へ、五七年は三億六〇〇〇万円へと着実に増やして企業体力を増進しているが、急成長の反動はいかんともしがたい。

だが藤澤武夫は、経営危機の根本的な原因は、日本国内市場の不安定さにあると分析していた。脆弱な日本国内市場だけに依拠していては、いつまでたっても経営が安定しない。国際的な企業になる以外に、ホンダが生き抜く道はなかった。一〇〇年に一度程度は世界不況が勃発するものの、景気は世界をめぐってまわるものである。日本の景気がわるくても、どこか他の国や地域では景気がいいものだ。そのような世界各国各地域を市場とするコンシューマー・ビジネス企業に成長しなければならない。そのためには世界各国各地域で販売できる世界戦略車が必要だった。

その世界戦略車こそ、スーパーカブであった。

スーパーカブ伝説はじまる

スーパーカブの開発がはじまったのは一九五六年（昭和三一年）一二月である。新発売されたのは一九五八年の夏頃だから、その二〇か月ほど前ということになる。

本田宗一郎と藤澤武夫は、新型車開発の商品企画を決定すべく、西ドイツ（当時のドイツは東と西の分断国家）とイタリアへの視察旅行に出発した。

藤澤武夫が書き残した単行本『経営に終わりはない』[※6]と『松明は自分の手で』[※8]を読むと、この視察旅行は本田宗一郎とスーパーカブ開発の意思一致をするための時間であったことがわかる。

本田宗一郎は高級スクーターのジュノオでの失敗を挽回するべく新型スクーターの開発が急務であると考えていたが、藤澤武夫はちがった。

五〇ccの小さなオートバイだった。「小さい底辺の商品をつくってくれ。底辺がないかぎり、うちには将来の繁栄がない」[※8]「これがなきゃ、だめなんですよ。これができないってんなら、本田技研は将来そう発展しないもんだと、俺は思うよ」[※8]と本田宗一郎に向かって語り続けたという。この時代の日本の五〇cc以下のオートバイは、許可制で一四歳以上が運転でき、なにがしかの二輪四輪自動車の運転免許証を所持していれば許可なく運転できる第一種原動機付自転車の区分にあった。ようするにエンジン搭載モビリティのボトムラインにあるオートバイである。

本田宗一郎は「五〇ccで乗れる車なんか、つくれるものか」[※8]と答えたと藤澤は書いている。小さいといえども本格的なオートバイとなると五〇ccでは不可能と考えるのが当時の技術者の常識だったのだろうが、はたして本田宗一郎が本当にそう答えたのかは、いまとなってはわからない。

しかし藤澤武夫にしてみれば、ホンダが国際的な企業へと脱皮するためには、世界各国各地域で販売できる小さなオートバイが絶対に必要であった。商品企画としては、その小さなオートバイは、カブF型と同じく、いままでオートバイに乗ったことのない人びとが手軽に乗れるものだと考えていた。一九五〇年代当時、世界中でエンジンを搭載するパーソナルモビリティの恩恵にあずかっているのは、数少ない先進国の人びとであり、第三世界諸国となればほんのひと握りの富裕層だけであった。だからこそ戦後復興の日本でカブF型が飛ぶように売れたのと同様に、小さなオートバイ商品があれば、日本はおろか世界に広がる巨大なマーケットに出ていける。それが藤澤のビジネスモデルでありホンダの成長戦略だった。

世界各国各地域での販売が目的であったから、日本の環境で考えるのではなく、小型オートバイの本場であるヨーロッパで小型オートバイのモータリゼーションを観察しながら考えようというのが、この視察旅行の目的であった。当時のヨーロッパ行きの航空路は、東南アジアから中近東を経由していく各駅停車のような南まわりで、しかもレシプロエンジンのプロペラ機であった。日本から西ドイツまでは七二時間もかかった。それは宗一郎と藤澤のふたりだけの合宿会議のような時間で、折々に話がはじまれば藤澤は小さなオートバイ商品の必要性について話し、あまりにも執拗な説得だったので、宗一郎は機嫌をわるくしてそっぽを向いてしまったという。どうしても小さなオートバイ商品が必要だとする藤澤の決意が伝わってくる。

藤澤の説得は功をそうした。西ドイツに到着する前に、本田宗一郎は黙り込んで五〇ccエンジン搭載の小さなオートバイのアイデアを考えはじめたと藤澤は書いている。

当時のヨーロッパは戦後復興期の一〇年がすぎて、手軽な庶民のモビリティとしてモペッドの人気が上昇し、庶民生活のなかに定着していた。モペッドとは簡便な小型オートバイである。そのシルエットはオートバイというよりは自転車にちかいカタチが多く、跨ぎやすいようにオートバイでいえばガソリンタンクの部分がスクーターのようにえぐれていて、足こぎペダルがついているタイプもあった。エンジンは軒並み小型軽量の2ストロークで、おもにアクセルレバーでスピードをコントロールするのだが、変速機を装備しているモデルもある。乗る人の下半身を風や雨、埃や泥などから守るフロントカバーが装備されているタイプもあった。

当時のヨーロッパでいちばん人気だったと伝わるモペッドは、西ドイツのＮＳＵクイックリィで、同じく西ドイツのクライドラーも人気が高かった。イタリアにランブレッタやベスパのモペッドがあるように、ヨーロッパのおもだった国には、それぞれモペッドを製造するメーカーがあった。

本田宗一郎と藤澤武夫は、クイックリィをはじめとする五台ほどのモペッドを買いつけ日本へ送った。サンプルにするためである。もちろんコピーしようというのではない。本田宗一郎は猿真似が大嫌いであった。サンプルは、先人の技術を学ぶための教科書であり、性能レベルを知るための物差しである。技術の歴史は、ライバルに負けまいと、学びあうことで進化してきた。まっとうな技術人には、そのようなスポーツマンシップ同様の精神が宿っている。往々にしてコピーが問題になるのは、技術人精神を尊重する経営者がいなかった場合だ。

西ドイツとイタリアで、さまざまな機種のモペッドを目にするたびに、宗一郎は藤澤へ「これはどうだい。いいのか」と質問したが、藤澤はすべて「こんなの、だめだ」と答え続けた。ようするに藤澤の考えは、先達たるヨーロッパのモペッドがだめなのではなく、ホンダがやるならば、他のどこにもない、ホンダならではのモペッドでなければならないということだった。そのことは本田宗一郎も先刻承知であった。

この欧州視察旅行の顚末(てんまつ)は、藤澤武夫が書き残し、スーパーカブ伝説になっている。しかし、この旅行の前に、本田宗一郎はモペッドの試作車を二台つくっていたという証言が複数残っている。すでに開発に着手していたのである。だが、試作車を二台つくってみても、ホンダがモペッドを開発したら、どのようなモビリティになるのか。その姿はまだ見えていない。まさに五里霧中であった。

未経験の技術開発に挑む

本田宗一郎はスーパーカブの開発に時間をかけた。製品企画を考えはじめてから、発売するまでに二年以上もかかっている。それまで毎年のように新製品を発売していたのにくらべると二倍ちかくの時間がかかった。それはそうだろう。ホンダの国際的成長をかける世界戦略製品なのだから、失敗は許されない。スーパーカブの開発に失敗すれば、日本の景気動向にふりまわされたあげくにホンダは倒産するかもしれない。

もうひとつ決定的な要因があった。初めてモペッドの開発をするということだ。未経験なのである。では、モペッドでなければ、はたしてホンダに十分な製品開発の経験があったかといえば、スーパーカブの開発に着手した一九五七年にして、ホンダは株式会社になって九年だ。この九年で開発した二輪車は、およそ六機種で、その他に汎用エンジンがあるだけであった。十分な経験とは言いがたい。現存する日本でいちばん伝統がある発動機メーカーのダイハツは、この時点で創業五〇年がすぎている。ホンダはまだ小学生だった。

しかしホンダには、本田宗一郎が全技術部門でみずから油にまみれて汗をかき陣頭指揮をしているという圧倒的な強みがあった。だが、異才がリーダーだから開発のすべてが順調かといえば、それは天才待望の空論にすぎない。天才というのは当たれば大発明だが、外れれば大失敗する。ホンダが倒産の危機まで追い込まれたのは、本田宗一郎が凝りに凝って開発した高級スクーターであるジュノオが、残念ながら失敗作に終わったのがひとつの原因だった。

この時期のホンダに、開発にせよ生産にせよ技術的な自信があったとすれば、有能な人材が集まってきていたことだ。急成長したホンダの存在はよく知られていたし、その異才社長はタレント経営者と呼ばれるほどメディアで人気があった。ホンダがいままでの日本にないユニークで自由な個性のある会社をめざしていることも、ホンダに関心を寄せる人たちならば理解していた。その人たちには、たとえば戦前に軍用機や軍用艦の技術者であった最高レベルの技術経験をもつエリート技術者もいたし、戦後の民主主義の時代に希望をもって自由闊達に生きたいと考える若者もいた。

一九五一年前期にホンダの従業員は一五〇名にすぎなかったが、五年後の一九五六年には約二五〇〇名になっていた。元気で有能な人材を惹きつける魅力のある会社だった。そのような人材が集まりはじめていたのでホンダの技術力は格段に底上げされていた。しかし本田宗一郎という強烈な個性が率いる、独特の価値観を持つユニークな会社であろうとしていたから、その水に馴染めない人たちがいたこともたしかである。

本田宗一郎の頭のなかには、世界戦略車たるホンダのモペッド、スーパーカブのイメージが浮かんでいただろう。そのイメージを具体的な製品企画へと組み立てていったのが、ホンダに集まってきていた技術者たちであった。

本田宗一郎のイメージするモペッドは、まずはスクーターのように小さなタイヤではなく、オートバイのような大きなタイヤが必要であった。大きなタイヤのほうが走破性能がよいからだ。道路状況を選ばず走りやすい。当時の日本は道路舗装率が二〇%以下と低く、東京二三区内でも未舗装路はいくらでもあった。高速国道はまだひとつもなく、国道はそのほとんどが未舗装だった。この日本の道路状況は、欧米の先進国にくらぶべくもない状況で、それは第三世界の国ぐにも同様であった。したがって世界各国各地域の道路状況は、日本を標準にすればいい。

五〇ccエンジンは、4ストローク以外に考えられなかった。ホンダは先進性のシンボルとしての4ストロークエンジン路線を突きすすんでいたから、そのモペッドは4ストロークでなければならなかった。ヨーロッパ製のモペッドは2ストロークエンジンだったので、ひとクラス上のエポックメイキングという商品的優位性を確保するためにも4ストロークが必要だった。しかし大問題は、五〇ccの4ストロークエンジンでは必要な馬力が獲得できないと考えられていたことだ。必要な馬力は四馬力以上と推定されていた。四馬力以上なければ、小型といえどもオートバイを快適かつスムーズに走らせることができないばかりか、坂道が多く、道路舗装率が二〇%以下の日本では、力強い走破性能が獲得できない。ところが、そのような格別の高馬力を出力する五〇ccエンジンは、世界中どこにもなかった。

この五〇ccの4ストロークエンジンの研究開発に着手したとき、ホンダの市販オートバイにおける4ストロークの最小排気量はベンリィJS58の一二五ccで、その最高出力は九・五馬力だった。この一二五ccエンジンは、一ccで〇・〇七六馬力を発生していることになるので、それを五〇ccとして単純計算すると三・八馬力にしかならない。〇・二馬力ほど足りないわけだが、このベンリィのエンジンにしても、当時のホンダの技術を総動員して改良に改良を重ねて馬力を稼いだ結果だから、これがそのときのホンダの市販量産エンジンの限界だとみるべきだろう。四馬力以上は、やらなければならない大きな挑戦課題となった。

エンジンの馬力が思うように出せないという問題に直面したとき、モビリティの技術者が考えることは、車体を軽量化することである。モビリティの動力性能にはパワー・ウエイト・レシオという考え方があって、たとえば五馬力エンジンを搭載するモビリティの重量が五〇kgだとすると、日本の計算方法では重量を馬力で割って、このレシオは一〇になる。このレシオが小さければ小さいほど動力性能が高くなるので、五〇kgの車体の軽量化に成功して四五kgになったならば、レシオは九になる。レシオがマイナス一になれば、これは乗ってわかるほど動力性能が高まる。

モビリティにおける車体の軽量化技術は、パワー・ウエイト・レシオにかぎらず、技術進化の王道である。一般論として車体が軽ければ軽いほど、加速性能がよくなり、ハンドルも利くようになって旋回性能も向上し、ブレーキもより効くようになる。つまり運転者の思いのままに走ることにつながるので、乗って走って楽しいモビリティになる。

こうして、大きなタイヤで、高性能な4ストローク五〇ccエンジンを搭載した、軽く小さなモペッドという、技術的な獲得目標が立ったが、あとふたつ重要な開発課題があった。

ひとつは、乗る人が跨ぎやすく乗り降りしやすいシルエットであることだ。オートバイでいえばガソリンタンクのあるところが、スクーターのように大きくえぐれている必要がある。こうすれば跨ぎやすいばかりか、スカート姿でも和服姿でも運転することができる。世界各国にはさまざまな民族衣装があり、それらの民族衣装姿でも運転できる。スーパーカブ開発当初は、このえぐれた空間のことを「跨ぎ空間」と名づけていたが、やがてステップスルーと呼ばれるようになった。

ふたつ目は、デザインがいいことだ。高性能で実用的なモビリティ商品には、それにふさわしいカッコよく見えるデザインが必要である。カッコいいデザインのなかには、スポーティーであるとか愛らしいということがふくまれる。つまりコンシューマーの購買心を刺激して惹きつけるデザインでなければならない。しかしモビリティのように機能性が高い工業製品になればなるほど、全体にわたって機能を優先するために、デザインの自由度が低くなる。そこでインダストリアル・デザイナーやプロダクト・デザイナーは、機能を表現するデザインということを考えはじめた。機能美ということだ。速さを競うためだけに存在するレーシングマシンの世界では「美しいマシンは、速い」という諺（ことわざ）がある。機能だけを徹底的に追求していけば、そこに機能美が生まれ、その機能美とデザインが高高度で融合するということだろう。そのようなセンスのデザインが、モビリティという工業製品には絶対に必要だ。

そして最高位のコンセプトは、ただひとつ安全である。本田宗一郎の安全についての発言は多く残されているが、藤澤武夫は初めて本田宗一郎と会ったときの発言をこう書き残している。[※6]「これは、簞笥だの呉服を売るのとは違って、人間の生命に関することなんだから、その点にいちばん気を付けなければならないと自分は考える」というものだ。藤澤が「本田宗一郎はもっともらしいことを言うのがうまい」と言っているのは、こういうことだ。ごく普通の言葉とたとえで、もっとも大切な安全についての、ゆるぎない決意を語っている。藤澤武夫がこうして書き残しているのも、この発言が心に残ったからだろう。

つまりこの稀代の技術者は、自分の言葉を持っている。技術開発にかぎらずリーダーがプロジェクトを成功させる鍵は、この自分の言葉を持っているか、いないかだ。自分の言葉とは、美しくなくてもよいから正確に伝えたいことをずばりと伝える言葉だが、本田宗一郎のレベルになるとエスプリのごとき言霊（ことだま）を感じさせる。本田宗一郎はそのような芸当ができた人物であった。

スーパーカブの開発目標を本田宗一郎は「手の内に入るモノをつくる」と言葉短く言った。藤澤武夫は「女性が乗りたくなるオートバイ」である。ふたりとも開発のキックオフで、他に余計なことは言っていない。

しかしながら、スーパーカブの開発要件を、ひとつずつ解析していくと、並みの人間であれば、開発困難な問題がずらりと並んでいるので、気が遠くなっていく。まるで広大な荒野を目の前にして、開墾のための鍬を握って立ちすくんでいるような気分がしてくる。

だが、本田宗一郎はひるむことを知らない。不可能だと思われている技術に無我夢中で挑戦しているときが常態である。強烈に刺激的な技術開発をしていないと生きている気がしないタイプの人物だ。この叩き上げの技術者の方法論は「やってみなければ、わからないじゃないか」である。理論や計算や議論はあるにせよ、まずやってみる。実際にやればわかるというのは、みもふたもない道理だ。確実かつ手っ取り早く、結論がえられる。新型車の開発コンセプトを決めるために、試作車や実物大模型のモックアップモデルをつくった。

スーパーカブの開発にあたっては、数種類の試作車がつくられたようだが、試作車の写真とモックアップモデルの写真が、それぞれ一枚ずつ公開※9されている。

その試作車は、サンプルとして購入したNSUクイックリィに似たシルエットだが、スーパーカブの特徴のひとつになる水平にちかい位置のエンジンではなく、従来のホンダの小型オートバイと同じやや前傾した直立エンジンで、風雨や泥をよけるフロントカバーは装備されていないが、実動モデルのように見える。軽量化のためにアルミ軽合金の部品がふんだんに組み込まれていたという。走らせて軽いオートバイの乗り心地や性能を試験したと考えられる。

もう一台のモックアップモデルは、小さなタイヤの大人用自転車みたいなパイプフレームで、スーパーカブとはまったく異なるデザインだ。写真で見るかぎりエンジンを搭載していない。コンセプトを検討するモックアップモデルだったらしい。このモックアップモデル写真の後方に、スーパーカブの実物大粘土モデルが写り込んでいるが、それは実際に発売されたスーパーカブに近いシルエットなのである。ということは、一方で実際に製造販売することになる本命のスーパーカブの開発をしながら、まったく異なるシルエットのモペッドも検討していたのだろう。これは対極の位置にあるモペッドを構想してみて、スーパーカブ開発の方向性がまちがっていないか、検討していたということで、きわめて念入りな開発方法をとっていたことがわかる。大胆な開発にチャレンジする一方で、慎重さを大切にしていた。

ことほどさように本田宗一郎の開発とは、実際に試作車や実物大模型をつくってみて、科学的な計測や計算をしながら、技術者が体験的に前進させていくものであった。この方法論は、現代のコンピュータ・エイディットのシミュレーション技術にまで通じる、技術開発の正攻法である。

本田宗一郎は常識を疑うアイデアや発想をする面白い人物として知られるが、その本質は技術の王道をゆく人であった。ただし、誰よりもハイスピードで、誰よりもエネルギッシュに、油にまみれ汗をかき、突っ走った。

ようやく定まった開発要件

スーパーカブの基本要件が決まったのは一九五七年（昭和三二年）の一月から二月にかけてだ。

新発売の一年半前ということになる。

　基本要件は、まず最初に跨ぎやすいステップスルーであることと、道を選ばず運転しやすい一七インチ（約四三二㎜）ホイールの大きなタイヤで半自動変速機、エンジンは4ストロークで出力は四馬力以上である。そして女性に好まれるように雨風と泥よけのフロントカバーが装備された、メカニズムを剝き出しにしないフルカバーのボディといったことで、この基本要件から逆算するように各部の開発要件が構想された。

　逆算するようにとは、こういうことである。スクーター並みのステップスルーを実現するために、ガソリンタンクはシートの真下に置き、エンジンはさらにその下の車体の底部に、若干角度はついているが、ほぼ水平に搭載する。ようするにオートバイのスタイルから、ガソリンタンクとエンジンを引き算していって、ステップスルーを実現している。

　風雨と泥よけのフロントカバーは、後にレッグシールドと名づけられるが、これを金属製にすると大型なので重くなり、軽合金製にするにしてもコストが上がり加工が難しいところから、プラスチック素材を採用することになった。フロントタイヤのフェンダーや車体両サイドのツールボックスとバッテリーボックスも同様である。この時代の二輪車でプラスチックの車体部品を、ここまで多く採用したモデルは他になかった。

　スーパーカブは半自動変速機なので、従来のオートバイとは運転方法が少しばかり異なった。従来の日本のオートバイは、ハンドル右側にフロントブレーキのレバーがあり、右手で握るグリップをまわすことでアクセルを調節する。ハンドルの左側にはクラッチレバーがある。右足でリヤブレーキのペダルを踏み、左足の足先でギヤチェンジのレバーを上げ下げする。

スーパーカブの場合は、右手でフロントブレーキのレバーを操作し、アクセルのグリップをまわすのは同じだが、左手は操作するものがない。オートマチッククラッチだからである。右足のブレーキペダルは同じだが、左足の前進三速のギヤチェンジのレバーは足先ではなく足底で上げ下げする。足先でギヤチェンジのレバーを操作すると靴の表面を汚したり傷つけ変形させることがあるが、スーパーカブはそういうことがない。ビジネスシューズやローヒール・パンプスでも汚さず傷つけない。また左手は固定グリップを握るだけなので、走行中でも停車中でも、左手の自由度が大きい。オートバイは両手両足を使って運転するが、スーパーカブは左手の自由度が大きくなった分だけ、解放感が増し運転が楽になるのだった。これはクラッチペダルのないオートマチックの四輪車を運転するときに感じる簡便さと同じだ。

フルオートマチックにはしなかった。現在においても小型オートバイでは、スーパーカブ式のセミオートマチックのほうが、動力性能も信頼耐久性も高いからである。

スーパーカブの開発がすすむと本田宗一郎は、「これは蕎麦の出前持ちが乗るオートバイだ」と盛んに言いはじめたという。その理由は左手の自由度が大きいからである。当時の蕎麦の出前持ちは、おおむね自転車に右手の片手運転で乗って、左手で岡持ちを持ったり、左手と左肩で蕎麦を載せた大きなトレイをかつぐことが、安全運転義務違反ではあるけれど、訓練された運転技術としても町の風物詩としても、大目に見られていた。スーパーカブならそれができるという意味であった。新聞配達であればスーパーカブに跨ったまま左手で新聞を配ることができる。

こうしてスーパーカブの基本要件をみていくと、これはまったく新しいジャンルの小型オートバイなのだが、しかしオートバイとスクーターとモペッドのいいとこ取りをした基本要件だとする意見が必ず出てくる。エンジンと駆動系はオートバイで、ステップスルーはスクーターで、軽便なところはモペッドで、それらを組み合わせただけという批評だ。だが、そういうふうに見えなくもないというだけで、この批評は幼稚すぎる。

よしんばいいとこ取りができたとしても、その発想が製品にあたえる「顔」はカスタマーのプライドを満足させない。それどころかカスタマーを小馬鹿にしているように感じる。あれもこれも過不足なくいいとこ取りをしているから、お買い得ですよという「顔」をしていれば、コンシューマーが買いたくなると思われているのであれば、それは人を小馬鹿にしている。けして安くないモビリティ製品を買うとき、コンシューマーが欲するのは自慢できる製品であることだ。自慢というのは見栄ではなく、それが自分にぴたりとあう製品であるとか、高性能で長持ちするとか、走りがいいなどその製品のよさを自分の価値観と目で発見したから購入したという自己選択だ。なぜ、この製品を選んで買ったかを、説明できることだ。

本田宗一郎はそのコンシューマーの気持ちを知っていた。専門的な技術について理解していなくても、わかっているのだと、こう言っている。

「大衆[※10]は品物のどこがいいか悪いかわからないけれども、いいか悪いかだけは見抜く力をもっているということである。(中略) いいか悪いかを判定するけれども、どこが悪いとはいってくれない」

スーパーカブがいいとこ取りという貧弱な発想で開発されたのであれば、中途半端な製品となって、一億台という数字を記録できなかっただろう。とっくにコンシューマーに見捨てられているはずである。

「困らなきゃダメ」究極の哲学

スーパーカブ開発は、困難な要件ばかりだったが、当時のホンダの開発陣は、次々とそれらの要件を実現していった。

なぜ、実現できたのかといえば、開発要件があまりにも困難なので、困ったあげくに切羽詰まったからだろう。開発リーダーである本田宗一郎の、技術開発の哲学は「人間の知恵は無限」であって、それが発揮できるのは「絶体絶命に追いこまれた」ときである。

「何か発明しようと思って発明する馬鹿がいたらお目にかかりたい。自分が困った時にそれを解決するために智恵を出すのが発明と言って差しつかえないでしょうね。困らなきゃダメです。人間というのは困ることだ。絶体絶命に追い込まれた時に出る力が本当の力ですよ」[※11]

ホンダの開発者たちは、本田宗一郎に追い込まれて絶体絶命の縁に立った。古きよきホンダ用語では、こういう状態を「二階に上げて梯子を外し、下から火をつける」といった。逃げ場をなくして追い詰める。今日ならばパワーハラスメントのブラック労働と批判されても仕方がないが、見はなして放置せず、仲間意識の連帯によって追い詰められた人は守られている。

本田宗一郎は、仕事の鬼であり、口より先に手が出ることがしばしばあり、ホンダは会社ではなく道場だといわれていたが、チャレンジしたあげくの失敗は奨励すらしていた。また、他者の個性や品性をあげつらったり、人格否定をしなかった。貧困で苦しんだ幼少の一時期に、貧しいがゆえに差別された経験をもつ本田宗一郎は、断固として差別に反対する人物であった。その差別を許さないという断固たる姿勢は、つねに差別された側にあった。人道主義的に差別に反対したのではなく、差別された人間として差別を許さなかった。

失敗を許す器の大きさと反差別の思想が人間関係に潤いをもたらしていたのだろう。奉公という徒弟制度の環境で自動車技術の手ほどきをうけた本田宗一郎は、徒弟制度を封建的な制度だと批判し、仕事と個人生活の混同を嫌い、従業員寮の設置より住宅手当てを厚くさえした。従業員へは会社のためではなく自分のためにはたらけと言い続けた合理主義者にして個人主義者である。しかもその合理主義と個人主義には、人の心をわかろうとする血がかよっていて、冷たくなかった。本田宗一郎を横暴な人物だと批判する人たちはいたが、糾弾されていない。

ホンダの技術者たちが、忍耐強く本田宗一郎についていったのは「本当の力」を出して困難を解決したときの達成感が、カタルシスになったからだろう。何事にも代えがたい喜びを味わうことができた。しかし、そこまで集団を追い込むことができるリーダーは、集団と対立しかねず、対立すれば孤立せざるをえず、孤独にさいなまれるものだ。本田宗一郎は孤独に耐える力をもっていた。

心配のタネであった四馬力以上を出力する4ストローク五〇ccエンジンの開発は、およそ一年間かけて四・五馬力を出力する量産エンジンに仕上げた。開発テストでは試作エンジンが最高四・八馬力を出力していたが、量産エンジンにするために馬力をおさえ、余力を耐久性に振り向けたほどであった。ホンダは2ストローク全盛の時代にひとり背を向けて、新進気鋭の4ストロークエンジン路線を突きすすみ、すでに五年間がすぎていた。この五年間で4ストロークエンジンの技術を身につけていたし、また、三年前に4ストロークエンジンによるオートバイ世界グランプリレースへの挑戦を表明していたので、高性能4ストロークエンジンの研究が飛躍的に進歩していた。

この四・五馬力4ストローク五〇ccエンジンを開発したエンジン設計主任の前職は、大型蒸気機関の設計者だったという。この設計主任の存在は、当時のホンダの技術陣のありようを象徴している。戦前から戦中にかけて、さまざまな分野で活躍していた技術者たちが、ホンダに魅力を感じて集まってきて、困難な技術開発をやってのけていた。

自動車工学は経験工学の範疇にあるそうだ。プロフェッショナルではない人びとが運転し、歩行者や乗員の身体生命を損なわない安全性が追求され、乗って楽しく人生を充実させるモビリティで、あれほどのスピードが出る走る機械は他にないからである。その開発製造者は、よほどの技術的経験を積み、人間的な深い思考をしなくては、コンシューマーの信頼を克ち獲る製品をつくることができないはずだ。その意味で、本田宗一郎が率いるホンダの技術者たちが短期間で、それまで存在しなかった五〇ccという小排気量の高性能4ストロークエンジンを開発できたのは、ひとりの生活者としてコンシューマーの信頼を獲得しようと努力を積み重ねてきた結果なのだろう。

4ストローク五〇ccエンジンと同様に、この世に存在していなかったのはスーパーカブの自動クラッチである。これがなければ左手を自由にする半自動トランスミッションが成立しない。この自動クラッチの開発要件も多岐にわたっていた。

耐久性が高くて壊れにくく、熟練のメカニックでなくても修理できなければならない。さらに生産コストが低くなければならず、そのためにはシンプルな機構であることが条件になった。こうした開発要件から速度型機械式自動クラッチを開発することになったが、これだけの開発要件を満たすサンプルになりそうな速度型機械式自動クラッチは存在しなかった。したがって独自開発になったが、そこにはエンジン開発以上の困難があった。

スーパーカブのメカニズム開発で、いちばん困難で時間がかかったのは、この自動クラッチの開発だったと伝わる。設計変更と試作が七回繰り返されて、ようやく完成した執念の開発になった。

タイヤとレッグシールド

ホンダの技術的努力だけでは手に入らない部品も多々あった。まずはタイヤである。一七インチホイールに装着するタイヤがなかった。当時の日本のタイヤメーカーが製造していないサイズだったのである。一八インチと一六インチホイール用のタイヤは製造していたが、一七インチ用はなかった。もちろんホンダには妥協する気持ちがない。一七インチは、走行安定性と走破性、日本人の体型で乗りやすく足つきがいいといった本質的な製品性能から求められたサイズだったので妥協ができない。

いくつかのタイヤメーカーに製造を依頼したが、すべて断られた。ホンダの一機種のために設備投資をして一七インチ用のタイヤを製造する計算が成り立たなかったのだろう。結局のところオートバイ用のタイヤ製造をはじめたばかりの小さなメーカーだった井上護謨工業が英断して引きうけた。世の中にない、まだ見ぬ製品部品をつくるというのは、これから成長しようと考えるリスクを恐れない賢明な企業と手を組んで実現する他に方法がないという典型的なケースだった。

そのことはプラスチック製のフロントフェンダーやレッグシールド（フロントカバー）、ツールボックス、バッテリーボックスについても同様であった。現在ではプラスチック部品の多くは、インジェクション成形という方法で製造されているが、この製造方法が当時の日本では導入されたばかりであった。インジェクション成形とは、熱して液状にしたプラスチック素材を圧力をかけて金型へ流し込む製法で、当時はこの製法でレッグシールドのような大型部品を製造しているメーカーがなかったのである。現在の四輪自動車の前後のバンパーカバーはプラスチックだが、あのような大型部品をつくっている工場がなかった。

プラスチック製の大型部品は、それを金属でつくるより軽くできて、金属がのがれられない錆の心配がない。また、製造時に着色できるので部位によっては塗装する必要がない。大型部品を塗装するには安定した空調や入念な工場排水処理が必要になるので、塗装工場設備投資と運用には高いコストがかかる。そうしたことから大型部品をプラスチックにするメリットは十二分にあるのだが、その大量生産製法が未開拓であった。

本田宗一郎はプラスチックを部品に使うアイデアに早くから着目していて、スーパーカブ発売五年前の一九五三年に発売したジュノオは世界で初めてプラスチックの大型部品を採用した自動車として知られる画期的なスクーターであった。そうしたいきさつからホンダはプラスチック部品の研究に熱心であったが、自社工場で大量生産するまでにはいたっていなかった。そこでホンダは積水化学工業に依頼した。積水化学工業は大型で複雑なプラスチック部品の大量製造をしたことがなかったが懸命な姿勢をみせ、金型をホンダが用意するという条件で、その仕事を引きうけている。

しかし製造の問題は解決できたが、屋外で使われる大型プラスチック部品の経年変化をテストする時間がなかった。大型プラスチックを使ったモビリティや建築物がなかったので、数年、十数年と使った場合に、いかなる変化をおこすのかというテストデータがない。表面を風化させてしまうのか、強度が落ちるのか、それは十数年間かけてテストする以外に方法がない。モビリティのすべての部品の品質は安全性に直結するものだ。だが、スーパーカブの発売予定は来年なのである。技術者たちは、経年変化のテストを開始し十数年継続してテストデータを取り続けて観察することを条件にして、本田宗一郎に判断を求めた。英断が下され、大型プラスチック部品を即時に採用することになった。さいわいなことにこれらの部品は心配された品質問題をおこさなかった。

こうしてスーパーカブ開発の興味深い楽屋話を調べていくと、この技術開発が冒険物語のように思えてくる。まるで前人未到の地をゆく探検隊のようだ。この世にないモノをつくるとき、冒険を避けて通れるはずがない。この時代のホンダはまぎれもないベンチャー企業だった。

ふたりで決めた車名

スーパーカブの最初の一台が、どのような時代に、いかなるシチュエーションで誕生したのかについて、ひととおりの理解ができるように書いてきた。

そこで発見できることは、スーパーカブがホンダのビッグバンであったことだ。ビッグバンとは、この大宇宙が誕生したときのとてつもない大爆発といわれるもので、そのパワーが大宇宙をいまも膨張拡大させているという有力な仮説である。そのようなビッグバンがホンダにおきてスーパーカブが誕生し、スーパーカブの世界は六〇年の時間をへて一億台を生産し、たったいまも世界を拡大している。

そのアクチュアリティを確認するための、この章を締めくくるにあたって、ふさわしい話題はスーパーカブという車名の由来とその発売日だろう。

説明するまでもなく、スーパーカブは、カブF型のスーパー版だという、筋は通っているが、どこかたわいのないネーミングである。

この車名は、スーパーカブのデザインを担当していた二七歳の若いデザイナーと本田宗一郎のふたりで決めたものだ。発端はスーパーカブの開発がそろそろ終了しようというときに、若いデザイナーがスーパーカブにつけるエンブレムをデザイン提案したことである。

その若いデザイナーのみならず、ホンダの人たち全員が、この新型車がカブF型の流れをくむモデルであることを知っていた。そこで若いデザイナーは、エンブレムを提案するときに、躊躇なくカブF型のロゴマークであったCubに、その当時流行していたスーパーという言葉を組みあわせたのである。こうしてエンブレムの試作図第一号が描かれた。ダメ出しされたら、次のアイデアで試作図第二号を描けばいいというようなリラックスした気持ちが若いデザイナーにはあった。ところが、試作図第一号を見た本田宗一郎が、その場で「おっ、いいじゃねえか！」と言ったという。それでスーパーカブという車名が決まってしまった。市場調査もしていなければ、会議もしないで、車名が決まってしまったのである。

もちろん、本田宗一郎と若いデザイナーのふたりで決めてしまったといっても、社運を賭けた新型車のネーミングだから、営業の総責任者である藤澤武夫の同意がなければ、正式な車名にはならなかったはずである。おそらく営業部門では、新型車のネーミングについて議論があり、有力候補の車名があったと思われる。カブF型のときも、開発中はバンビィとネーミングされていたのが、発売直前になってカブに車名変更している。スーパーカブという車名がふさわしくないのであれば、藤澤武夫が同意するわけがない。

スーパーカブとは、当時のホンダの人たちから見ても、社運を賭けた新型車にふさわしい、ささやかな伝統性のある、いい名前だったのだろう。スーパーカブと命名した当時の感覚は、いまとなっては想像するしかないものだ。その時代の気分とそのときのホンダの人たちの気分が、すでにわからなくなっていることもあるが、スーパーカブという車名は、六〇年間の長きにわたって変わることなく、しかも一億台も生産されたという圧倒的な内実をもった車名になった。このアクチュアリティは、スーパーカブという車名にすっかり貫禄をつけてしまっている。車名がいいから大ヒットしたのか、大ヒットしたから名前がいいと思うのか、そんなことはどうでもいいぐらいにスーパーカブという車名は金看板になっている。

ただし、スーパーカブという車名は、おおむね日本名である。世界各国各地域で販売されるスー

初代スーパーカブ発売予告の新聞広告（1958年7月）。左上の「今秋発売」がナゾを深める。

NSUクイックリィの冊子。

ジュノオK型（1951年）

ホンダの第1号スクーターは、排気量189ccの空冷4ストロークエンジンを搭載。繊維強化プラスチック製の外装、セルフスターター、アクリル樹脂製の大型ウィンドシールドといった斬新な機構の意欲作だったが、重くなりすぎて人気が上がらず。

パーカブ・シリーズは、その国にふさわしい車名がつけられてきた。「ドリーム」「ウェイブ」「スープラ」「カリスマ」「ビズ」「威武（ウェイブ）」など実にバラエティに富んだ車名のスーパーカブが世界の道を走っている。車名変われどカタチ変わらずが、スーパーカブの真骨頂である。

こうして一九五八年（昭和三三年）夏頃、スーパーカブは日本全国一斉発売になった。だが、その発売日が、いつだったのかが、わからない。

その年の七月にホンダは「ホンダが贈る豪華版　スーパーカブ号　今秋発売」のキャッチコピーで全国紙に広告をうっている。しかし、七月にはもう販売していたという伝聞記録があったり、「今秋発売」だから九月だろうという分析的な意見もあるが、ホンダに正式な記録が残っていない。「新発売」を宣伝する新聞広告も発見されていない。なぜ、発売日がわからないのかも、そのとき何があったのかも、わからないぐらい、本当にわからないのである。おそらく意図的に発売日を設定しなかった可能性が強い。藤澤武夫は宣伝広告の戦略と戦術に長けた人物である。意表をつく宣伝キャンペーンをうったり、オートバイが登場する映画にホンダの名前を出さずにタイアップしたり、きめ細かな宣伝広告戦略をもっていた。本田宗一郎をスター経営者にしようと何冊もの本を書かせたのも藤澤武夫である。そのような人物が営業の総責任者だったのに、スーパーカブの新発売日が定まっていない。派手な宣伝広告をするより、スーパーカブのカスタマーたちの口コミがじわじわと広まった方が、強力な宣伝広告効果をもたらすと、藤澤武夫が考えたのではないか。スーパーカブ発売後、新聞やテレビ、二輪専門誌で宣伝広告がおこなわれているが、それは通常の宣伝広告手法であって戦略性が薄い。

生産に当って

世界中に今、流行になっているこの種の車はフランスでは三三〇万台で、テレビの4倍（へ33年2月調）の普及をしていると云われています。

その殆んどが2サイクルエンジンを搭載しています。日本もその例外ではありません。

【エンジン】

☆4サイクル採用に就いて……50ccを4サイクルにすることは、生産技術の上で超小型であるだけに困難でありますので多くのメーカーは避けて生産しないのであります。

もし、効果がその困難に逆比例してあるのでなければ、わざわざその困難に向うことは意義のないことと云わなければなりません。

で、その効果は？

☆4・5馬力……これは、50cc乗用車としては、世界最高であります。

なぜ馬力は必要か？

乗車する人の身長と体重は減らすことが出来ず、従って積載、登坂、速度には自ずから性能の最低限界点があります。

その意味でこれ丈の馬力があることは、すべてを満足させる要因であります。

小さいエンジン程、高出力が大切です。

燃料費の少ないことは2サイクルと比べ段も経済的です。

☆音……静かでリズミカルな回転音、これは世界のどれと較べても最も誇りとします。

神経の疲労は騒音の影響からと思っています

【姿と機構】

☆スタイル……スッキリと垢抜けしたデザイン、とすることに最も苦心を払いました。

このスタイルなら、世界中のオートバイ、スクーターにもない持味だと申上げられます。

自転車にエンジンを付けるところから生れた感覚ではなく、これは、このために誕生したものです。

☆装備……フラッシャー、クラクソン、バッテリー、バックミラーは車体と一体の形でついて居ります。ペタルはついていません。

クッション装置は充分にしてありますから平坦地は勿論、凸凹道のハンドルさばきもお楽です。

お店に、お玄関に、この車は御婦人でも手軽に御出し入れがなされ[illegible]位の軽快にまとめられました。

☆片手運転……この車は右手と足だけで運転操作が出来る機構になっています。

従って、左手はいつの場合にも、運転に拘束される必要もなく自由です。

自動クラッチ前進三段です。】

【価格】

以上の要素に、価格は自転車2台分位か、テレビ1台分位というお客様の御要望を満たすためには色々困難な問題があります。

簡単な一つの例ですが、エンジンの馬力を上げますと、車体は頑丈になり重量は増加し、ひいてはコストの上昇ということが、一般的に考えられていました。

然しそれを解決し、お客様に御満足を頂くことが、私達技術者の責任であります。

幸いに、この度のスーパーカブ号はその意味合いから申しましても、私として、最も快心の作品であり、ここに生産開始することの喜びをひとしお感じて居ります。

昭和33年7月

本田宗一郎

スーパーカブ発売予告の新聞広告に掲載された、本田宗一郎による商品説明文。「世界中のオートバイ、スクーターにもない持味だと申上げられます」「私として、最も快心の作品」などの表現から、スーパーカブにたいする強い自信が感じられる。

もうひとつ考えられるのは、スーパーカブ新発売三か月後の一〇月あたりから、カスタマーからのクラッチが滑るというクレームが発生しはじめたことである。これは品質問題だから致命的で、今日のリコール制度にひとしい対応をしなければならない。トラブルの原因解明と対応部品の開発に一か月以上の時間を取られたあげく、年末年始にホンダは休まず、カスタマーを一軒ずつ訪ねて対策部品と交換修理をしたと、藤澤武夫は書いているから、宣伝広告をしている場合ではなかったということが考えられる。藤澤武夫がスーパーカブの宣伝広告活動に本腰を入れるのは、新発売から三年目の一九六〇年になってからだ。そのときスーパーカブは、すでに五〇万台を販売していたので、オートバイに興味がない人びとへむけて宣伝広告活動をするのだった。

いまもってスーパーカブの新発売は一九五八年夏頃としか言い様がない。スーパーカブにまつわるロマンチックな謎なのである。

第二章　立体商標登録

スーパーカブ50(2012年)

独特なフォルム「神社仏閣デザイン」

スーパーカブの立体形状すなわちデザインが、日本の特許庁で立体商標として登録されたと、ホンダが発表したのは二〇一四年五月二六日であった。

デザインそのものが商標として認められたのである。二輪四輪自動車で、そのデザインが商標を取得したのは日本初の出来事であった。

ホンダは二〇一一年に商標登録出願をしたが、立体形状そのものを商標にする審査はデザインの社会的自由性をかんがみるので慎重にして厳しく、モビリティでは日本初になることもあいまって時間がかかった。ホンダは粘り強く手続きを重ね、三年間をかけて商標が認められた。立体商標登録にあたって公表された特許庁の登録審決書には「本願商標の形状」をこう書いている。

「本願商標に係る立体的形状は、その構成中のレッグシールドを有するフロントカバー及びステップスルー、また、これらと組み合わされた大径の車輪、リヤフォーク、キャリア、サスペンションの配置等における特徴により、全体として、他の二輪自動車と異なる一定の特異性を有しているということができる」

特徴的な形状と配置が組みあわさった立体形状が、スーパーカブ独自のデザインであると認めているが、審査にあたった特許庁の慎重な姿勢が滲み出ているような文章である。地面に対して水平にちかい位置にあるエンジンについて、それを特許に認定していないのは当然の判断であろう。今後、二輪車を設計する人たちから、エンジン搭載位置の自由を取り上げることになってしまうからだ。しかし本書をここまで読んできた者にとっては、スーパーカブのステップスルーとエンジンの位置が不可分の関係にあることは明白なはずだ。

この二〇一四年の時点で、スーパーカブは新発売から五六年がすぎており、スーパーカブ・シリーズの世界生産累計は八七〇〇万台をこえていた。もちろん、このときも、世界でいちばん多く生産されたエンジン付きモビリティの記録を更新中であった。その五六年間という半世紀以上におよぶ時間と、巨大な生産累計があったからこそ認められたデザインの商標だった。

スーパーカブが立体商標登録を獲得したのは、このデザインが商業的なインダストリアル・デザインだからである。アートとしてのデザインは表現行為だから、登録をしなくてもアーチストの知的財産と認められるが、製品デザインは商業的な行為なので、その知的財産性を確保するためには権利を申請しなくてはならない。スーパーカブは意匠権を取得していたが、それは二〇年間の権利期間なので、意匠権消滅後も模倣品から立体形状を守る必要がある。立体商標登録は半永久的に立体形状を保護できる制度である。

アートは文字どおり芸術で、芸術は芸術するために存在するが、インダストリアル・デザインはあくまでもビジネスのためのデザインだ。よりよく商品を売るために存在するデザインである。芸術が精神の行為ならば、インダストリアル・デザインはマーケティングの行為だ。

したがってスーパーカブという工業製品の商品性を分析し考察する者が、商品としてのスーパーカブのデザインへの、マーケティング的な批評をこころみることが可能だと思う。スーパーカブのデザインについて、真正面から分析し考察していきたい。

スーパーカブのデザインは、たしかに独特である。オートバイでもなくスクーターでもなくモペッドでもない、ユニークなシルエットの、スマートなデザインだ。なるほど本田宗一郎が開発コンセプトとして言葉にした「手の内に入る」ようなコンパクトにまとまったデザインで、藤澤武夫が商品の魅力として要望した「女性が乗りたくなる」チャーミングな可愛らしさがある。それでいてコンシューマーに媚びるふうでもなく、凛として存在しているデザインだ。

デザインの主幹は本田宗一郎であった。元来、機能重視のお洒落で、好みのスタイルは「上品で、端正で、少し色気のある姿」である本田宗一郎は、デザイナーを自称するほどデザインに打ち込んでいた。断っておくが、本田宗一郎の好みのスタイルは、好みの女性を表現している言葉だと思われるだろうが、それだけではない。製品でも建築でも自然風景でも、本田宗一郎が好んだのは、このスタイルなのである。

それにしても「上品で、端正で、少し色気のある姿」とは、よく言ったものである。自分好みのスタイルを短い言葉でぴたりと言い切っている。「色気」ではなく「少し色気」と言うところなど、本田宗一郎の言葉選びは秀逸だ。この言葉を手がかりにして初代スーパーカブのデザインを見つめていくと、いかにも上品で、端正で、少し色気がある姿だと思えてくる。スーパーカブのデザインをまとめあげた本田宗一郎の力量は並みのものではない。やがて「姿のよい製品は内容も充実している」という言葉を残している。

もうひとつ、初代スーパーカブのデザインを見つめていると、このデザインのなかに和風の線と面が、そこかしこにあることに気がつく。たとえばフロントフェンダー全体の線と面と、後ろにまわって地面にちかくなったところのハネ上がりである。これらの和風の線と面は、これ見よがしなデザインではなく、さりげない隠し味のような存在なのだが、それでいてスーパーカブのデザインの個性を決定していると思う。

本田宗一郎は若き日よりデザインには一家言あり、ホンダ創立直後からホンダ・デザインを確立すべく、はっきりとした線が独特の美人画で知られる洋画家の高沢圭一を顧問に頼んでデザインを学習していた。この時代の日本には職業人としてのインダストリアル・デザイナーが、きわめて少数だったので、モダン画家からデザインの何たるかを学んでいたのである。

たしかにホンダの製品は、最初のオリジナル・エンジンであるA型のバイクモーターから本格的なオートバイのドリームD型、スクーターのジュノオK型、小型実用車のベンリィJ型と、そのデザインがひとつのカタチを成している。ディテールまでデザインがゆき届いていて、同時代の他社の二輪製品とくらべてみても、デザインの完成度は勝るとも劣らない。デザインの流行様式にも敏感で、ドリームがアール・デコ風ならばベンリィはアール・ヌーボー風と、トレンドの影響を拒否していない。コンシューマー向けの工業製品において、デザインが重要な商品の一部であることを本田宗一郎は深く認識していた。カッコいいスマートな走るカタチのデザインにしたいという意志が感じられ、それが製品の「顔」になっている。

そうした学習と実践がある本田宗一郎は、アメリカとヨーロッパへ何度も視察旅行をするうちに、モダンデザインの民族性に気がつくのである。ステレオタイプな物言いになるが、ドイツの人びとは合理的なデザインを好み、イギリスの人びとは無骨なところはあるが威風堂々としたデザインが好きで、フランスやイタリアの人びとは優雅で小粋でスタイリッシュなデザインを好み、アメリカのデザインは大柄で野性的といった特性があることだ。しかし日本では、コンシューマー向けの工業製品が数少なかったこともあって、工業製品の日本的なモダンデザインが育っておらず、欧米のモダンデザインをお手本に模倣している段階にあった。

猿真似が大嫌いな本田宗一郎にとっては苦々しい状況だったが、この状況から脱して次の段階へとステップアップするためには、個性豊かなホンダデザインを確立する必要があった。

そこで本田宗一郎が理論化したのは、日本に古来から存在するデザインをとり入れる方法だった。京都や奈良へ一〇日間ほどの長期旅行をし、神社や仏閣、仏像や美術品を熱心に観察しては、モダンデザインにとり入れることができる日本美術のエッセンスを探して歩いた。神社仏閣だけではない。江戸時代にヨーロッパでジャポニズムを流行らせるきっかけとなった多色刷り版画の浮世絵、民俗館にある農具や漁具、日本の山や海の地形や色、自然がおりなす線や面へも注目した。

日本古来のデザインセンスを、インダストリアル・デザインに活かすことができれば、日本独自のモダンデザインのスタイルを獲得できる。そのスタイルが獲得できれば、欧米諸国のモダンデザインと対等の競争ができるばかりか、二度目のジャポニズムの潮流をつくることができるかもしれない。少なくとも猿真似とは言われなくなる。本田宗一郎のこのデザイン実践は、漠然とそうしたいという曖昧な考えではなく、理論として組み立てられていた。

その意味で八〇年代になってからしきりに熱く語られたポストモダンを先どりしている理論的実

践になりえている。日本古来のデザインセンスは、ポストモダンで語られた、その土地に根ざす固有の様式をしめすバナキュラーそのものではないのか。本田宗一郎の時代感覚と直感的思考は、驚くほど鋭い先進性をもっていた。

この理論形成と実践をもって、本田宗一郎がデザインしたのが、一九五七年（昭和三二年）に発売したドリームC70であった。スーパーカブ開発の真っ最中に発売した、ホンダ初となる二五〇ccの二気筒エンジン搭載の高性能オートバイである。それまで単気筒であった4（フォー）ストロークエンジンが二気筒になり、動弁機構が従来のオーバーヘッドバルブ（OHV）からドリームSA型を経由して、より複雑だが高性能なオーバーヘッドカムシャフト（OHC）に進化した、ライバル製品を一発で凌駕しようという当時のホンダ最大排気量の野心作だった。

ドリームC70は、最高出力一八馬力、最高スピード時速一三〇kmを誇る高性能オートバイであり、そのデザインも斬新であった。全体のデザインは当時のホンダデザインの流れをくむ美しい曲線と曲面で構成されているが、そのなかに角ばった線と面が特徴的に混じっている。その角ばった線と面で構成されているのがヘッドライトまわりとフロントフォークだ。エンジンも排気管やマフラーも、性能向上のためのカタチが、美しいデザインに昇華したと主張しているかのような形状であった。ホンダの最大排気量エンジン搭載車らしく、迫力と美しさを融合させようという意志がカタチになったデザインだった。ただし、デザインしすぎているという指摘がある。新しいデザイン路線のスタートにあたって力が入りすぎたのだろう。斬新なデザインスタイルの創始なのだから、その爆発的エネルギーが強く、やりすぎや荒々しさはつきものだ。強いエネルギーをもったデザインが、最初から熟れているはずがない。爆発の衝撃がおさまった頃に洗練化がはじまるものだ。

このドリームC70をデザインするとき、本田宗一郎は「タンク側面のエッジは[※12]、仏像の眉から鼻にかけての線を頭に描きながらデザインした」と言っている。

当時、ホンダでレース用オートバイの開発をしていた走行テスト担当の従業員から直に聞いた話だが、このドリームC70を本田宗一郎に見せられたとき「このオートバイは後ろから見ると鳥居みたいですね」と思わず感想をもらしたという逸話である。その感想を聞いた本田宗一郎が、カッと目を見開いて、その従業員を見つめた。その目と表情は、それまで見たことがないもので、怒りや悲しみではなく、驚きと興奮が入り混じっていたという。この従業員の感想は、ドリームC70のデザインコンセプトを見抜いていたからである。わかるのかという驚きと、わかってもらえるのだという興奮が、本田宗一郎の目と表情にあった。

ほどなくドリームC70のデザインは「神社仏閣デザイン」と呼ばれるようになった。誰が言い出したかは詠み人知らずだが、神社仏閣デザインはホンダ社内のみならず、高性能オートバイに関心を向けるバイクファンたちにも通じる言葉になった。

神社仏閣デザインは本田宗一郎の基底デザイン理論になった。ベンリィ・シリーズにも採用され、それから一〇年間ほどホンダデザインの主流となって、洗練されていった。

そこで、スーパーカブのデザインである。スーパーカブのフロントフェンダーとリヤフェンダー、そしてマフラーの形状が、ドリームC70によく似ているのである。つまり神社仏閣デザインだった。

しかし、ドリームC70は神社仏閣デザインを象徴する角ばったヘッドライトだったが、スーパーカ

ホンダ初の2気筒エンジンを搭載したオートバイがドリームC70だ。独特な曲面とエッジをもつそのスタイリングは、本田宗一郎が日本独自のデザインを模索するなかで生み出された。空冷4ストローク並列2気筒OHC・247ccエンジンは、当時としては驚異的な18馬力を7,400rpmという高回転域で発生。高回転高出力エンジンと「神社仏閣デザイン」の組み合わせで、新たなモードを打ち立てた。

C70にまたがる本田宗一郎。

ブのヘッドライトは丸目なので、神社仏閣デザインの流れのなかにあるデザインだと強く意識させない。そのためにスーパーカブが神社仏閣デザインであるという考察が、いままで鮮明になされていないのだと考える。だが、まちがいなくスーパーカブは神社仏閣デザインの流れをくんでいる。たとえばスーパーカブのシート真下の大きくえぐれた曲線は、ドリームC70のガソリンタンクのエッジとよく似たフォルムだ。なにしろドリームC70のデザイン開発は、スーパーカブのデザイン開発と、時間軸でみれば一年ほどの時間差があるだけだ。しかも、どちらの機種もデザインの主幹は本田宗一郎なのである。

スーパーカブのデザインの基調が神社仏閣デザインにあるという考察は、スーパーカブのデザインがホンダオリジナルだという思案へ自然にたどりつく回路を持っている。ところがスーパーカブのデザインから、ドリームC70のように強烈な神社仏閣デザインのカタチがはっきりと見えてこない。なぜ、見えてこないのかといえば、スーパーカブにはもうひとつの世界的デザインの潮流が流れ込んでいたからだ。

この世界的デザインの潮流と神社仏閣デザインが融合して、スーパーカブのデザインが完成した。その世界的デザインの潮流とは、バウハウスである。

バウハウスを学んだデザイナー

スーパーカブのデザイン主幹は本田宗一郎であったが、デザイン開発の現場で図面を描きデザイン業務を推進していたのは木村譲三郎（一九三〇－二〇一四）だった。そのとき二七歳の新入社員にしてインダストリアル・デザインの高等教育をうけた青年である。

「子供の頃から飛行機、船といった乗り物が大好きで、工業製品をデザインする仕事があると知って、その道を進みたかったのです。ところが、その当時、日本の大学でインダストリアル・デザインを教えているのは千葉大学工学部の工業意匠学科しかなかった。上野の東京藝術大学や他の美術学校では教えていないのです。それで千葉大学へ進学しました」と木村譲三郎は語っていた。

木村譲三郎へのインタビューを合計一〇時間以上もしているので、その人柄は身にしみて知っている。頑固なまでの一本気な情熱家であった。その精神に裏表がない天真爛漫（らんまん）な人物だったので、話が面白かった。本田宗一郎を「親父（オヤジ）さん」と呼び、心底から敬愛していた。

大学卒業を翌年にひかえた一九五六年（昭和三一年）秋に、元気で闊達なホンダが気に入って就職試験をうけた。合格するや否やホンダは、ただちに就職せよと言ってきた。「まだ卒業していない」と木村は答えたが、ホンダの担当者は「卒業が入社の条件ではない。すぐに働いてほしい」と言い、木村は面食らったが正式に入社し、卒業するまでは学生社員であった。それまでホンダには、インダストリアル・デザインの高等教育をうけたデザイナーがひとりもいなかった。このとき初めて木村ともうひとりの専門教育をうけたデザイナーをむかえ入れたのである。

当時の日本でインダストリアル・デザイナーを名乗る職業人は希少であった。千葉大学の工業意匠学科の前身は、東京高等工芸学校の造形工芸部で、それが戦前からインダストリアル・デザインの高等教育を実践している唯一の学部だったから、そもそも人材が少なかった。日本の工業界にインダストリアル・デザインという概念がまだ薄く、デザインをするのは独立したデザイナーではなく、設計者と製造者であり、たとえば建築士と大工の棟梁、設計者と板金親方の仕事であった。

この木村譲三郎が千葉大学の工業意匠学科で学んだ「インダストリアル・デザイン概論」がバウハウスだった。一九世紀から二〇世紀にかけて発達したヨーロッパのモダンデザインをベースにして、二〇世紀初頭にドイツで生まれた、モダンデザインの到達点と評されるデザイン潮流である。

一般的知識としてバウハウスといえば、合理的で機能的な、無駄がないすっきりとしたモダン建築を思い浮かべるが、それは一面的な理解らしい。『バウハウスとはなにか』[※13]を書いた阿部祐太は、「バウハウスの一般的理解」の章を、こう書き出している。

「バウハウスは、第一次世界大戦後の一九一九年にドイツのワイマールで誕生した。建築家のヴァルター・グロピウスが、芸術・生活・産業の統合を目指す造形学校として設立した。デッサウ、ベルリンに移転して活動し、一九三三年にナチスによって閉鎖に追い込まれた。たった十四年間しか活動していない。

しかしバウハウスは、ドイツのみならずヨーロッパ、アメリカと世界中に広まり、絵画・工芸・インテリア・建築など多岐にわたる分野に大きな影響を与えた。バウハウスは総合芸術運動でもあったのだ」

木村譲三郎は、ヴァルター・グロピウスと親交があった千葉大学教授の小池新二に師事していた。「バウハウスについてよく教えて下さり、私はつぶさにバウハウスの中身を知ったものです」と言っていた。

「バウハウスの根本的な思想は、近代文明が機械の発達によって、もの凄く活発になっていくときに、人間性を取り戻そうという考え方なのです。材質を活かし、加工を活かし、機能を活かし、それを形態に結んでいくというのがバウハウスの考え方だと小池先生から教えられた」[※14]

バウハウスは奥深そうだ。『バウハウスとはなにか』を手引きにすると、バウハウスは一九世紀に活躍したイギリスの芸術家であるウィリアム・モリスが実践した「アーツ・アンド・クラフト運動」に端を発しているという。モリスは職人の労働によってつくられた一九世紀の手工芸品を庶民の芸術だとして「人間による、労働における喜びの表現」「民衆による民衆のための芸術」と位置づけた。そして目前にあった産業革命が生んだ資本主義の労働を「人間が機械の一部として労働に駆り立てられている」「労働が生活の手段となってそこに喜びがない」と批判した。

そうしたモリスの思想に影響をうけたバウハウスの提唱者たちは、モリスのような過去を振り返るロマン主義の立場をとらず、科学技術が進化発展した二〇世紀の現実主義者として「民衆による民衆のための芸術」を実現するために、モリスが問うた「手仕事か機械か」ではなく「手工芸と機械技術を統合」し「芸術と技術を等価的協調関係に置いた」。

そして『バウハウスとはなにか』は、このように説明する。

「バウハウスにおいて技術は、あくまでも一つの重要要因である。目的は、健全なる生活計画を実現することにある。技術を正しく位置づけ、共存することで目的を達成することが求められる」[※13]

「人間性の増進と相互に作用しあうこと、そこに技術の存在理由がある。あくまで技術はニュートラルであり、我々が生活水準を保つために不可欠な補助手段である。技術によって著しい差別は平[※13]

均化され、人間同士のコミュニケーションが準備される」

木村譲三郎が言わんとしたことがざっくりと理解できると思う。バウハウスのデザインは、人間の喜びのためのモダンデザインであり、それは合理主義と機能主義を方法論にしている。

このバウハウスの思想は、本田宗一郎の技術思想と驚くほど重なりあっている。本田宗一郎はホンダの製品を開発する研究所の本質を「人間を研究するところ」と定義していた。

木村がホンダで造形室のリーダーになってからデザインした、一九六五年に発売された携帯発電機がある。ホンダのエンジン駆動の携帯発電機は隠れたベストセラー製品だが、これはその第一号だ。片手で持ち運べる小さな四角形の発電機は、いかにも機能的で合理的にデザインされていて、徹底的に独立したカタチをしている。細く短いスリット状の空気取入口が直線的に規則正しく並び、それがひとつの模様と化している。スイッチ類や手提げハンドルは、一〇〇年も前から自然にそこにあったような位置にあり、携帯発電機を使う人を惑わせることがない。まことにバウハウスのデザインとしか言い様がない形態なのである。

木村譲三郎はバウハウスを基調としてホンダデザインの基礎を構築したインダストリアル・デザイナーであった。

神社仏閣デザインとバウハウスの融合

ホンダに就職した木村譲三郎は車体設計課・造形室に配属され、ほどなく開始されたスーパーカブ開発のデザイン実務担当になった。

新人社員にいきなりスーパーカブの実務を担当させるとは、当時のホンダは急成長の真っ最中で人手不足だったのだろうが、一方でインダストリアル・デザインの高等教育をうけてきた木村に期待していたからだ。新人のデザイナーには新品の製図用机があたえられ、それは木村が照れ臭いと思うほど大きかった。

「最初はなにから手をつけていいかさえ、わからなかった」と木村は言っていた。しかし、開発が進行していくと、各部の構成要件が決まってくる。タイヤは一七インチホイールだったのでタイヤの直径がおよそ五五〇㎜だった。五〇ccエンジンは新開発の自動クラッチとトランスミッションを合わせると全長は四五〇㎜になった。

スーパーカブのシルエットが決まったいきさつを、木村譲三郎はこう言っていた。

「前後に五五〇㎜のタイヤを置いて、四五〇㎜のエンジンを車体のボトムの水平にちかい位置に置く。するとホイールベース（前輪と後輪の車軸間距離）が一二〇〇㎜ぐらいになる。これにステップスルーの空間を最大限にとって、レッグシールドつきのフロントカバーでエンジンその他の臓物みたいな部分を全部カバーする。ハンドルの位置は、スポーツタイプのオートバイではないから、ゆったりと跨って両腕を伸ばしたところに置いて、スクーターみたいなシートを配置すれば、その下にガソリンタンクがくる。そうやってごく自然に配置を決めて描いていけば、それはそのままスーパーカブのカタチになってしまうのですよ。そのことは車体設計の人たちも認めるところでした。だからスーパーカブのカタチが、どこから出てきたのかと言えば、タイヤの大きさです。タイヤのサイズが全体のスタイルを決めていったと思います」

それから五〇年がすぎたとき木村は、スーパーカブのシルエットが変化しないのは「奇をてらわない自然なカタチであったから、基本のカタチを変えないできたのでしょう」と言った。

この「自然なカタチ」とは、重い物を中心線に集めるデザインであった。スーパーカブに乗る人間、そのお尻の下にあるガソリンタンク、さらにその下にあるエンジンと、重い物が上から下へと一直線に並んだ。このことが抜群の重量バランスを生んだ。スーパーカブに乗って走ると、乗り手の意のままに自然に走る。それは抜群の重量バランスになっているからだ。各部の構成要件を素直に組みあわせたことで、走りまでが人間に寄り添う性能をもったのである。

木村讓三郎がバウハウスについて「人間性を取り戻そうという考え方なのです。材質を活かし、加工を活かし、機能を活かし、それを形態に結んでいくというのがバウハウスの考え方です」と言った意味は、まさにそういうことであった。

こうして、スーパーカブのシルエットは短時間でカタチになったが、それはデザイン開発が終わったことを意味しない。いや、デザイン開発はそこからはじまった。

本田宗一郎のデザイン開発とは、実物大の粘土モデルをつくって、全体のフォルムはもちろんディテールひとつひとつまで、丁寧に執拗に検討していくことだった。現在ならば実物大のモデルは造作なくできるが、当時はコストがかかった。インダストリアル・デザイン用の粘土は、高級食材であったバターと同額だった。その粘土を際限なく使ってモデルを仕上げていくのである。

この作業を「粘土モデルを削る」と呼ぶが、これが難しい。たとえばレッグシールドの角をほんの数㎜削ったとすれば、それだけで全体のフォルムが変わってしまうことがある。大きく車体の形状を削れば、今度はディテールが置き去りにされてフォルムのバランスを崩す。粘土モデルを照らす照明の位置を変えると、カタチが変わって見えることもある。目線の位置も、上から見るのと下から見る場合、近くで見るのと遠くから見る場合と、それぞれカタチが変わって見えるものだ。デザインを優先させてエンジンやタイヤのサイズなどを変更することはできないので、デザインの自由度は無限ではなく要件的限界がある。これらの作業を延々と繰り返すのである。

当然のことながら本田宗一郎は安易な妥協を許さない。自分のイメージがカタチになるまで粘土モデルを削っては検討を重ねる。時間無制限のような作業になった。

しかし木村譲三郎は「本田宗一郎さんに怒鳴られたことが、ほとんどない」と言った。「親父さんに反対されたことはなかった」とさえ言っていた。「我われの造形室は親父さんのイメージにかなったものをつくろうとしていたから、怒鳴るというよりは、むしろ後押ししてくれたようなところがありました」と言うのである。

本田宗一郎が怒鳴り散らす社長であったというのは、半分は通俗的な偉人伝説だろうが、情熱家だから怒るときも真剣で、技術開発の現場ではよく怒鳴っていたようだ。しかし木村譲三郎には怒鳴られた記憶がない。つまり本田宗一郎と木村譲三郎は意思一致していたということになる。とはいえ木村が、敬愛していた社長の言動に一切の疑問をもたなかったかといえば、それは信じがたい。本田宗一郎に惚れてはいたが、木村は白を黒と言うことは相手が誰であっても絶対に許さない人だった。だからこの関係は従弟的従属ではなく、意思一致していたとみるにふさわしい。

実際問題、「スーパーカブの色は自分で決めた」と木村譲三郎は言っていた。もちろん本田宗一郎が了承したカラーリングだが、変更を命じられていない。

初代スーパーカブのカラーリングは、車体が濃い海の色のようなブルー、レッグシールドがオフホワイト、フロントフェンダーと両サイドのカバーが秋の晴空のようなスカイブルー、シートが紫がかった赤（！）である。ブルーを基調にしているが、赤いシートは新鮮で大胆な配色だ。しかし意気がりや嫌味や攻撃性がなく、素直なカラーリングに見える。

「日本人は海に囲まれて生きている民族です。青という色にたいしては、非常に親しみやすいので、それを基調にしようと思いました」と木村譲三郎は言っていた。これは民族的な色ということだ。また「プラスチックのところはソフトなので色を変え、柔らかくして明るくしたのです」と、素材の特質から色を選んでいる。シートの赤は、本田宗一郎が赤いシャツと赤いスポーツカーを好んでいたことをヒントに、英米合作映画『旅情』で観たベネチアングラスの赤に魅せられて「車体の青に合う、ちょっと紫がかった赤にした」という印象的な色選びだった。すべての色の選択にそれぞれの意味がある、感情を大切にした合理的なカラーリングなのである。バウハウスを学んだインダストリアル・デザイナーの真骨頂だ。

これらのいきさつから、デザインの実務を木村譲三郎が担当して、本田宗一郎が承認していくというデザイン開発の流れがあったことがわかる。

工業製品であるモビリティのデザイン開発は、粘土モデルで仕上げて、それを原型にして部品をつくるという単純な作業で終わらない。デザインした部品が実際に製造できるかどうかは、デザインと設計段階で入念に検討されるが、最終的には試作してみなければわからない。設計図どおりに製造できるとはかぎらないからだ。粘土モデルでは表現できていたデザインが、実際の部品の材質である金属やプラスチックになると質感がちがってしまうことすらある。もちろん、設計段階で計算された強度や剛性をもっているかどうかを試験して確認する必要があるし、その部品を実際の走行状態で試験するなり、走行テストするなり、最終的には人間による判断がなされなければならない。人の命がかかっているのだから当然だが、それらの試験やテストで不具合が出れば設計変更をする。設計が変更されればデザインし直さなければならない。

粘土モデルから部品を試作していく工程は、ことほどさように試作を繰り返す工程である。この試作工程では、デザインの細かなリファインがついてまわる。それはデザイン実務担当の木村譲三郎の仕事であった。

こうしてスーパーカブのデザインが仕上げられていったということは、本田宗一郎と木村譲三郎のデザインが、すっかり融合したことでもあった。それは五〇歳になろうとしているデザイン主幹と二七歳の新進気鋭のデザイナーの融合であり、ホンダオリジナルのデザインとバウハウスのデザインとの融合であり、神社仏閣デザインがもつバナキュラー性とバウハウスがもつ国際性の融合でもあった。

スーパーカブのデザインが、ひときわユニークで凜とした姿であったのは、この融合の賜物であったと考える。それまでのホンダ製オートバイのデザインとは、まったく異なる文脈すなわち融合から生まれたのがスーパーカブのデザインだった。

そのことで日本のコンシューマーはもちろん、後にスーパーカブが輸出製品になったときには、世界各国各地域のコンシューマーが、それまで見たことがない日本的エキゾチシズムと国際的モダンデザインの魅力をあわせもつデザインの小型オートバイを見ることになった。

日本で新発売されたスーパーカブが驚異的なヒット商品となって一世を風靡し、輸出商品となって世界各国各地域で売れ続け、やがてスーパーカブを好む人びとのいる地に定着して適応変化し、生産累計一億台をこえていったのは、このデザインの力があったからだ。

そのデザインの力を発揮できたのは偶然ではない。スーパーカブのデザイン開発をしていた時代のホンダには、スーパーカブのデザインを生み出す高い確実性つまり真っ当な蓋然性があったことは、いままで書いてきたとおりである。

第三章　日本からアメリカへ

スーパーカブのアメリカモデルCA100(1962年)

庶民のパーソナルモビリティ

一九五八年（昭和三三年）夏に新発売された初代スーパーカブC100の販売価格は五万五〇〇〇円であった。東京都の小学校教員の初任給が八〇〇〇円をようやくこえ、ラーメン一杯は四〇円ほどという時代である。実用自転車は約一万六〇〇〇円で、オートバイよりワンランク上の二輪車であったスクーターは二人乗り2ストローク一二五ccエンジンの安いモデルで一〇万円程度、高級モデルは一五万円以上だった。四輪自動車となれば庶民には手が届くはずもなく、軽自動車で四〇万円以上、4ドアセダンとなれば一〇〇〇ccクラスで七五万円もした。

五万五〇〇〇円のスーパーカブは、他の小型オートバイやバイクモーター同様に庶民が手を伸ばせば届く価格帯にあったうえに、走行性能は群を抜いていた。最高出力四・五馬力の4ストローク五〇ccエンジンを搭載した小型オートバイはスーパーカブ唯一という独擅場だった。

しかし最新のメカニズムで高性能かつ廉価な商品が、それだけではヒット商品にならないことはコンシューマー・マーケティングの一筋縄ではいかない現実だ。しかもスーパーカブは原動機付自転車だから一人乗りというウィークポイントをかかえている。

メカニズム大衆商品の市場では、商品性能のよしあしより、またお金の損得勘定よりも、コンシューマーの感情が優先されるケースがしばしばある。ふところ具合よりワンランク上の贅沢な高額商品であっても、それが世間的な流行になってしまえば、欲しくなってしまうのは人情であろう。

ただし、性能がわかりやすい魅力的な商品であった場合、コンシューマーは賢い消費者になって生活目線で商品を選んで購入することがある。スーパーカブの場合がそうだった。

初代スーパーカブは小さく軽かった。全長一七八〇㎜で車両重量五五kgである。これは当時の小型オートバイのなかでも小さく、とても軽い。スーパーカブの大ヒットで、他の多くのメーカーが、スーパーカブと同じようなシルエットのカブ・タイプ五〇cc小型二輪車を製造販売したが、おおむねスーパーカブより一〇kg以上重かった。それらは4ストロークよりシンプルな機構で部品点数が少なく軽いはずの2ストロークエンジンを搭載していたが、スーパーカブより軽いモデルはなかった。そのぐらいスーパーカブは軽かった。

軽いオートバイは、取りまわしが大変に楽である。取りまわしとは、車庫から引っ張り出すときや、降りてスタンドをかけるときなど、人力でオートバイを動かしたり支えたりすることだが、スーパーカブは軽いのでこれが大変に楽だった。当時は家の土間をオートバイの車庫代わりにするカスタマーが多かったのだが、重いオートバイは土間の入口にある段差を人力で乗りこえるのが、ひと苦労であった。しかし軽いスーパーカブならば、段差があっても楽に乗りこえられる。

スーパーカブは軽い車体に四・五馬力の高出力エンジンを搭載しているので、すこぶる加速がよく、スピードが出た。信号ストップからスタートするとき、スーパーカブは大型オートバイに負けない加速力を発揮した。これはカスタマーをとてもいい気持ちにする。

軽いということは燃費もよくした。初代スーパーカブはガソリン一ℓで九〇kmを走る燃費性能があり、ガソリンタンク容量は三ℓだったので、一回の満タン給油で二七〇kmも走る計算になる。ガソリンを極力無駄遣いしないエンジンなので、ガソリン一ℓ三八円という高価な時代にあって、生活者たるカスタマーの財布にもやさしかったのである。

大きなタイヤのスーパーカブは、砂利道や泥道でも安心して走れ、高出力エンジンと三段トランスミッションで坂道にも強かった。また、車体の全体的なバランスがよく、走り味が爽快であった。ゆっくり走っても速く走っても、乗り手の思いのままであるうえに、人当たりが柔らかで尖ったところがない。これらの走り味は、ホンダが動態保存している初代スーパーカブに、実際に乗ってみて感じた印象であることを明記しておきたい。そしてつけ足すが、今日の最新型スーパーカブはシフトショックなどが洗練化されてコンフォートさを増しているが、基本的な人に柔らかな乗り味は六〇年前の初代スーパーカブと変わりがないのである。

このような走る性能を発揮するスーパーカブは、パーソナルモビリティのある生活を日本の津々浦々にもたらした。自転車よりバイクモーターよりも、楽に速く走ることのできる個人の自由な移動手段になった。もちろん、スーパーカブを安全に快適に走らせるためにはトレーニングが必要だが、自転車の運転ができる人ならば、おおむねすぐに運転できた。

スーパーカブは、カスタマーを選ばない小型オートバイであった。女性が乗りたくなることをめざして開発された小型オートバイは、見た目も乗った感じも攻撃性がなく、小型軽量で経済的であることから、家計を預かる主婦にも好まれる要素が満載であった。それは初めて所有する一家に一台のモビリティに選ばれる重要な要素だった。

スーパーカブがあれば移動の自由度が格段に大きくなり、自分の時間を自由に使うことができた。

通勤や通学、営業外まわりや配達に便利なのは当然のこととして、パーソナルモビリティのある生活が、どのようなものなのかを象徴する話を聞いたことがある。

一九六〇年代に人口五〇〇〇人ほどの村で生まれ育った人から聞いた話だ。子供のとき、いわゆる盲腸を発症して、村の診療所で診察をうけた。なるべく早く手術をする必要があるとの診断だったが、あいにく夜であった。町の救急病院までは三〇kmほどの距離がある。そのとき父親は、子供をおんぶ紐で背中にくくりつけ、買ったばかりのスーパーカブで、町の救急病院へ夜道を走ったという話である。

月に三万台売れると断言した勝負師

スーパーカブは、大ヒット商品になるべく企画開発され、実際に大ヒット商品になった、ビジネスモデルのお手本のような商品である。

新発売から一二月末までの販売台数合計は約九万台だった。まだ輸出していないので日本国内販売だけである。月平均で一万八〇〇〇台といったところだ。ホンダが製造販売するオートバイで、こんなに売れた商品はなかった。ヒット商品のカブF型ですら月に一万台をこえたことがない。いや、ホンダだけではなく当時の日本で売られたオートバイのなかで、いちばん売れた商品であった。いだが、この月平均一万八〇〇〇台という数字は、ホンダの営業を取り仕切る藤澤武夫にとって、計画販売台数に達していなかった。

スーパーカブ開発のストーリーは、すでに伝説化していて、いくつかの名場面があるのだが、なかでもハイライトシーンは、スーパーカブの実物大モデルを見た藤澤武夫が「月に三万台」を予言する場面である。スーパーカブ発売前年の一九五七年一二月のことだった。

この月三万台が、どれほどのとてつもない数字であったかは、その年のすべてのオートバイ販売台数の月平均が約二万台だったと知ればわかるはずだ。年間二四万台程度の日本のオートバイ市場で、スーパーカブ一機種だけで年間三六万台売ると言ったのである。この藤澤の予言を、目の前で聞いた本田宗一郎でさえ驚きのあまり言葉を失ったという。

しかし藤澤武夫にとって、この月三万台は、単なる販売台数目標ではなく、月三万台売らなければ、あらかじめ計画して、すでに着手している企業戦略が実行できないという数字だった。

この月三万台は実現した。最初の五か月で合計九万台だったが、次の一二か月は四一万台である。これで月平均三万台弱になった。それから七年後までの販売台数合計は五〇〇万台となり、月平均にすれば五万二〇〇〇台だ。予言は当たった。いや、当たるべくして当てたのである。

藤澤武夫はスーパーカブ開発がはじまった直後から、この開発プロジェクトが成功すると確信していた。ホンダをたった二五年間で国際企業に育てあげて、その実力を裏書きしてみせた経営者ならではの直感ということは、たしかにあるだろう。相場師の才能を言い当てて、運がよく、どこか鈍感で、しかし勘が鋭いという言葉を読んだことがあるが、経営者にもそれは当てはまる。そもそも藤澤武夫は、本田宗一郎の存在を知ったときから意識下に置き、チャンスを見つけて、みずから盟友となった人物である。ことほどさように勘のはたらきはすこぶるいい。

一方で熟考の人として知られていた。富と権力ではなく、思想(フィロソフィ)だけが永久に残ると説く「万物流転」を座右の銘とし、時間があればプライベートな事務所に籠もって瞑想のような考える時間をすごしていた。考える力と考え続ける体力がある人物である。スーパーカブ以前の4ストロークエンジンのドリームE型とバイクモーターのカブF型でのサクセスを分析しなかったわけがない。このふたつのモデルはホンダ全体の売上金額を前年比七倍以上にするという業績を残した。その4ストロークエンジンを搭載し、カブF型の商品コンセプトを昇華した、スーパーカブのビジネスモデルを成功へと導く確信と自信があったはずだ。

海外展開の第一歩はアメリカ

スーパーカブ開発プロジェクトが始動したとき、藤澤武夫はただちに輸出戦略の構築に着手している。世界各国各地域でホンダの製品を売ることができれば、不安定きわまりない日本国内市場に振りまわされない、柔軟で強固なホンダの経営基盤が実現する。生き抜くための国際企業化である。それが藤澤が夢にみた近未来のホンダの姿だった。

早くから輸出戦略に着手したのは、ほぼ未経験の分野であり、大きな投資と時間と手間がかかると判断したからだろう。それまでホンダは東南アジア、南米、ヨーロッパへの少量輸出をしたことはあったが、いずれも商社を経由していたので、本格的な輸出ビジネスをしたことがなかった。また、これらの経験から、入念なアフターサービスや輸出先の土地柄に特化した製品が必要となるモビリティの輸出は、商社を頼るのではなく、自前の輸出経路でやるべきだと悟っていた。将来的な海外生産を見据えて、市場調査や現地法人設立など何から何まで自前でやる路線である。

このとき藤澤の頭にあった輸出先は、アメリカとヨーロッパ、そして東南アジアだった。最初に市場調査をしたのは、シンガポール、タイ、マレーシアなどの東南アジアであった。海外市場開拓を担当させる部下を長期間派遣する精密な市場調査だった。そしてアメリカ、最後にヨーロッパの順番である。この三地域の海外市場調査は、現地の有力者たちとのリレーションシップづくりをふくめて、二年間ほどの長い時間をかけている。

市場調査を担当した部下の報告は、東南アジアは小型オートバイの有望な市場になる見込みが大きく、地理的にも近く、2ストロークの二輪車を販売するヨーロッパメーカーの市場になっているので、4ストロークエンジンならば市場競争力があるというものだった。ヨーロッパは年間三〇〇万台の二輪車市場で、二輪モビリティが人びとの生活に溶け込んでいることは有利な条件だろうが、伝統ある有力なメーカーが多くあり、しかも保護貿易主義的な傾向があった。アメリカは一部のオートバイマニアに年間六万台の二輪車が売れる程度の、オートバイの人気がない、四輪車のモータリゼーションがいちじるしく発達した国であった。

藤澤武夫の腹は決まっていた。ホンダが海外進出をするならば、まずアメリカ合衆国だった。一九五〇年代のアメリカは、自由主義と資本主義の西側諸国の盟主であって、世界でいちばん豊かな国であった。人口は二億人に達する勢いで増加していて、巨大な消費市場である。そして何より、オートバイの人気がない国であることが魅力であった。アメリカのオートバイファンは、イギリス車かアメリカ車の古典的な大型オートバイを好む、評判がいいとは言えない、ごく少数のブラック・ジャケット族だった。したがって大多数のコンシューマーがオートバイの楽しさを知らない。だからこそアメリカなのである。ホンダはオートバイに乗ったことのない人びとが乗りたくなるような、手軽で便利な二輪モビリティで新たな市場を開拓して急成長してきたメーカーである。それをアメリカでやればいい。この国は日本の二倍以上の人口である。多くのアメリカの人びとが乗りたくなるようなオートバイ商品を開発する自信がホンダにはあった。あらゆる意味で、アメリカはホンダが狙う最良のマーケットだった。

藤澤武夫は、最初にアメリカを選んだ理由を、こう書いている。

「というのは、世界の消費経済はアメリカから起こっているからです。[※6]アメリカに需要を起こすことができれば、その商品には将来性がある。アメリカでだめな商品は、国際商品にはなり得ない、という信念を私は持っていました」

この藤澤の信念は、オートバイだけではなく、将来ホンダが四輪自動車の製造販売に手を広げたときのことまで想定している。はるか二〇年先の四輪車ビジネスまで見通して、スーパーカブの大ヒットで手に入れた資金をアメリカの市場開拓のために投資するという企業戦略である。

その次はヨーロッパであった。そして最後に東南アジアの順番で海外進出の戦略が構築された。当然のことながら、逆の順番で海外進出する検討もおこなわれている。最初に地理的に近い有望市場である東南アジアへ進出し、実績を積み上げてからヨーロッパ、アメリカへと進出する戦略だ。

だが、藤澤武夫はアメリカしか眼中にない。苦労するだろうが、アメリカ市場の開拓に成功したら、将来にわたって巨大な利益がえられると考えていた。「アメリカでだめなら、オートバイ企業の将来なんて先が知れてると思っていました」と、うそぶいてさえいる。[※6]

こうして現地法人のアメリカン・ホンダ・モーターが設立された。日本からホンダのオートバイを輸入して販売店に卸す現地法人である。一九五九年（昭和三四年）の六月のことであった。日本でスーパーカブを新発売してから一年もすぎていない。事前の市場調査など準備万端ととのえてのハイスピードな展開だが、最大の難関は日本の大蔵省（現在の財務省および金融庁）から、資本金にする一〇〇万ドル（三億六〇〇〇万円）を割り当ててもらう許可交渉であった。当時の日本政府はドルをふくめて外貨準備が十分ではなかったので、許可交渉が困難だった。一ドル＝三六〇円の固定レートの時代である。このとき藤澤武夫は最初で最後の政治ロビー活動をしたと書き残している。[※6]しかし輸出実績のない新興中小企業のホンダへ許可された総額は二五万ドル（九〇〇〇万円）で、ドル現金の持ち出しはその半分に制限され、残り半分は相当する商品現物の持ち出しという条件つきであった。

アメリカン・ホンダ・モーターは西海岸カリフォルニア州のロスアンジェルスに本社を置いた。アメリカでは最初からホンダ・モーターと名乗っている。日本のホンダは、モビリティ専業メーカーとして発足したわけではないので社名は本田技研工業で、そこには自動車やモーターという文字がない。アメリカのゼネラルモーターズやフォード・モーターに倣（なら）ったのだろうが、アメリカのコンシューマーは、日本一のオートバイメーカーであるホンダの名を誰も知らない。

予想どおりの悪戦苦闘であった。アメリカ西部のカリフォルニア州はオートバイ販売に適した温暖な気候で、東部、南部、中西部より比較的開放的な地域社会があり、中南米系とアジア系の人びとが多い州である。そのカリフォルニア州を選んだとはいえ、アメリカン・ホンダ・モーター開店の九月は、小型オートバイであるベンリィのアメリカ仕様スポーツタイプがたった八台売れただけだと記録されている。このベンリィは一二五cc量産エンジンでは世界初の二気筒という精巧なエンジンを搭載した魅力的な小型オートバイだった。一方、アメリカで人気のあるオートバイは軒並み六五〇cc以上の大排気量エンジンを搭載していて、四輪車にいたってはV型八気筒五〇〇〇ccあたりが花形スポーツカーのエンジンという時代である。名も知れないホンダの小さなベンリィに目をつけるコンシューマーは、よほどの物好きだった。だが、いかなる国でも地域でも、小さなオートバイや、あるいはエキゾチシズムを感じさせる二輪車が好きな人たちはいるものだ。小型で便利なモビリティが欲しいと思っている人たちだっている。

アメリカン・ホンダ・モーターへ駐在した日本人のホンダ従業員は合計二名で、ロスアンジェルスで六名の現地従業員を採用している。ホンダが海外進出するとき、支社ではなく現地法人を設立して、現地の従業員をより多く雇用するという現地化路線は、このときから始まっている。いうまでもなく現地に溶け込まずしてコンシューマー商品が売れるわけがないと考え、現地に利益を生まないかぎり現地ビジネスが成長しないと考えるからだ。この八名は、ベンリィにくわえドリームの二五〇ccと三五〇cc、ベンリィ一二五cc、ホンダ50（スーパーカブ）、つまりホンダの全商品を売るべく、業界雑誌や二輪専門誌に広告をうち、販売網を広げる営業活動を続けていった。販売網はすべて自前で管理し、小売店をアメリカン・ホンダ・モーターが直轄する方針だった。しかしそれでも開店して三か月後の一九五九年の年末までに販売できたのは一七〇台ほどであった。

地道な営業努力が続き、それが結果にあらわれてきたのは二年後の一九六一年だった。月間の販売台数が一〇〇〇台をこす月が出てきたのである。翌六二年には年間販売台数が四万台以上になった。月平均三三〇〇台ほどだ。この販売台数の伸びは、ベンリィやドリームをアメリカ市場向けにスポーツタイプへと仕様変更したことの成果であった。オートバイで野山を走るアウトドアスポーツを楽しむ人たちが増えて、それがスクランブラー・レースと呼ばれるモータースポーツを盛んにしたのである。そのスクランブラー・レースでは小型だがよく走るホンダが活躍できた。ベンリィやドリームには、真っ赤なダブルシートやスポーティーなアップマフラーが装着され、スクランブラー仕様へと変身していった。そのようなスポーツマシンとして、ホンダのオートバイはアメリカ市場を開拓していくのだが、一方でスーパーカブの人気も捨てたものではなかった。

当時のホンダのアメリカ駐在員のレポートでは、スーパーカブを「トイ（toy）的な接しやすさもあって」と書き「意外や好評だったのが、大きな国で小さなバイクなど売れるわけがないと誰もが思っていた、スーパーカブであった」と報告している。

スーパーカブのアメリカ現地価格は当初二九五ドルだった。カリフォルニア州の平均的サラリーマンの初任給が五〇〇ドルであったから、もっとも安価なエンジン搭載のモビリティだろう。なにしろオートバイでもスクーターでもない物めずらしいデザインをしている。現代でいえば電動立ち乗り二輪車のセグウェイとか乗用ドローンのような存在だったと思われる。そのために新風を好む学生たちに人気が出た。通学やアルバイトの足、広い大学の敷地内での移動に、これほど便利で経済的で、しかも乗って楽しいモビリティはなかった。流行に敏感なファッショナブルな人たちにも人気があり、ハリウッド地区のメルローズ・アベニューやサンセット・ストリップを走りまわる。さらに釣りや狩猟を趣味とする人たちが、ピックアップトラックに載せて海や山へ運んで乗った。そのためにスーパーカブの販売網はオートバイ専門店以外にフィッシング・ショップやハンティング・ショップへも広がった。

ただし、四輪車のモータリゼーションが大いに発達し、車体もエンジンもひたすら大型化していた、この時代のアメリカで、スーパーカブは日本のように一家に一台の生活モビリティではなかったことを確認しておきたい。「トイ的」とは、アウトドア遊びの道具ということである。アメリカの人びとのアウトドアスポーツ感覚からすれば、オートバイに乗ること自体がスポーツだ。ドレッシーな革の靴が4(フォー)ドアセダンだとすれば、スーパーカブはジョギングシューズ的な存在だった。

そのときのスーパーカブ宣伝広告のキャッチコピーは「おシャレで経済的・粋な乗り物・ホンダ50」の「Nifty Thrifty Honda Fifty」である。その他の広告のキャッチコピーもまた言葉遊びになっていて、面白さ、戯(たわむ)れ、ふざけという意味の「Fun」、物凄い、素晴らしい、伝説的物語といった意味の「Honda's Fabulous」などがあり、クリスマスシーズンにはプレゼントにスーパーカブを贈ろうと「Make it a Honda Holiday」が使われた。販売店の店頭では二一五ドルあたりまで価格がこなれていたスーパーカブは実際にクリスマスのプレゼントになりえた。

さて、ここまでがスーパーカブのアメリカ伝説のイントロダクションである。本編はこのあとにアメリカン・ホンダ・モーターが大々的に展開する「NICEST PEOPLE(ナイセストピープル)」キャンペーンだった。

ブームを巻き起こしたキャンペーン

「YOU MEET THE NICEST PEOPLE ON A HONDA／素晴らしい人びと、ホンダに乗る」をメインコピーとするアメリカン・ホンダ・モーターの大々的な広告キャンペーンが開始されたのは、一九六三年（昭和三八年）であった。キャンペーンの対象地域はカリフォルニア州、ワシントン州、テキサス州などアメリカ西部を中心とする一一州だった。大手の広告代理店であったグレイ社に依頼し提案され採用した雑誌広告キャンペーン企画である。

メインのビジュアルは、九人のナイセストピープルたちが、スーパーカブに乗る図鑑的なカラーイラストで、老若男女のカップルや親子といった人たちが、思い思いにスーパーカブで走っている姿だ。九人とも赤いスーパーカブに乗っていて、タンデムシートに愛犬を乗せたり、サーファーはロングボードをかかえているし、そのカラフルなイメージから、楽しさが伝わってくる。

広告出稿した雑誌は、高級グラフ誌の『ライフ』『ルック』をはじめとする一般雑誌とモビリティ専門雑誌で、キャンペーンのターゲットは、いまはオートバイに興味がないコンシューマーであった。キャンペーンなので連続展開の広告出稿がおこなわれ、続編の「THE NICEST THINGS HAPPEN ON A HONDA／ホンダに乗ると、素晴らしいことが起きる」まで制作された。高級グラフ誌の広告料は一回あたり七万ドル（二五二〇万円）以上だったというから、このキャンペーン広告の全体予算は数億円という金額になったはずだ。ホンダの資本金が九〇億円ほどの時代である。

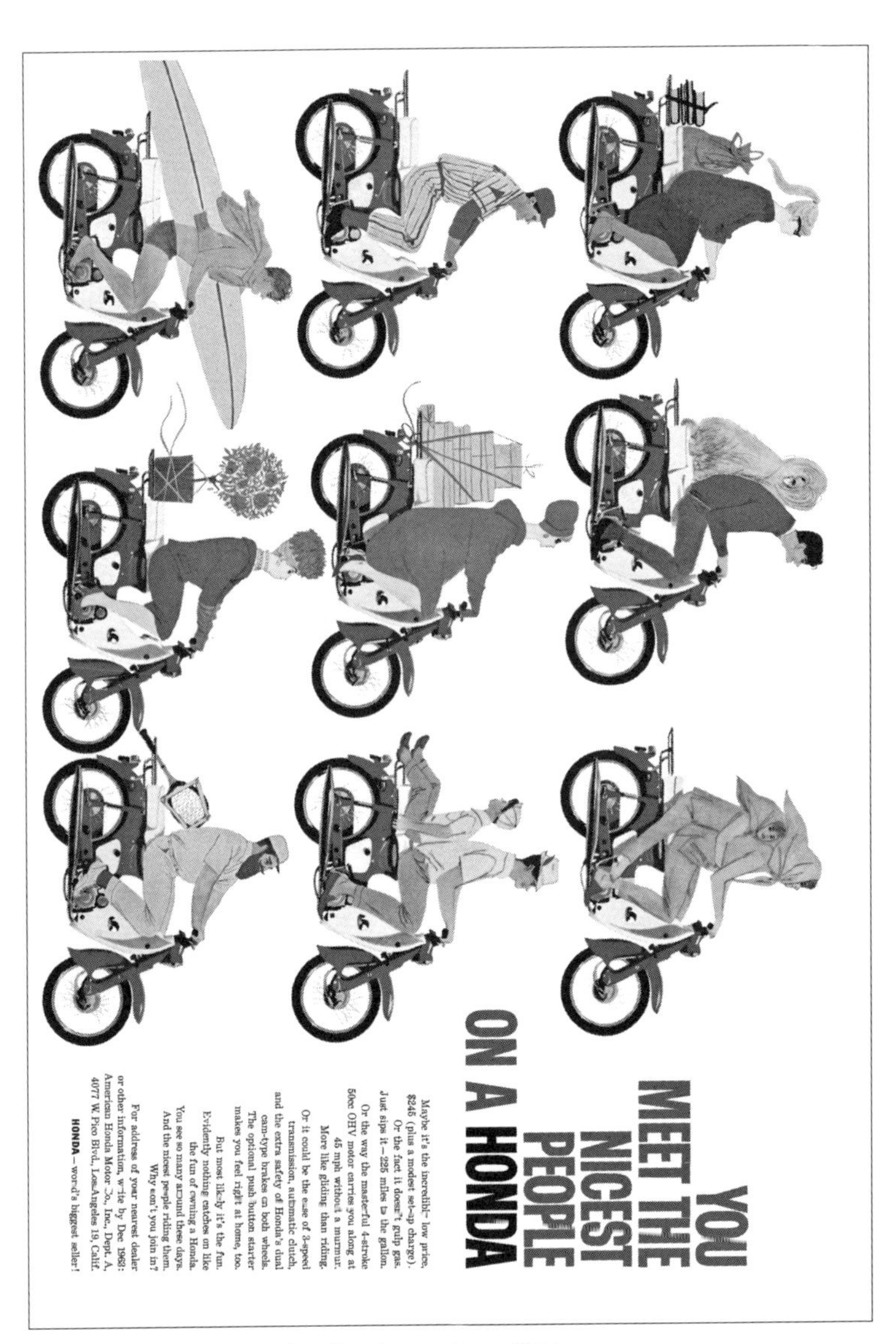

1963年当時のナイセストピープル・キャンペーンポスター。

このキャンペーンはアメリカン・ホンダ・モーターの起死回生の策であった。三年間の不断の営業努力で、当初計画の年間一万二〇〇〇台販売を達成して、四万台ごえまでこぎつけていたが、人口二億人をこそうという巨大な消費市場で、それは到底満足できる数字ではなかった。販売店網は七五〇店とオートバイメーカーとしては全米最大にまで拡大していたが、一店舗あたりの平均年間販売台数は五三台にすぎない。大々的なキャンペーンをうつにあたって計画したホンダブランドの年間販売台数計画は大胆にも二〇万台であった。ようするに二〇万台売れなければ、高額の宣伝広告予算に見合う十分な利益が出てビジネスが順調に成長しているとはいえないのだった。

また、このキャンペーンはホンダのブランドネームを広く知らしめる近未来を見据えての投資でもあっただろう。アメリカ市場向けフラッグシップ商品となる四五〇ccのドリームCB450の発売まであと二年であったし、六年後にはホンダのブランドをアメリカで決定づけるナナハン七五〇ccのドリームCB750を販売する計画であった。このキャンペーンは、引くに引けないアメリカン・ホンダ・モーターが一〇年先の成功を実現すべく決行した大勝負だった。

ナイセストピープル・キャンペーンは、ユニークで爽やかな宣伝広告展開だったので話題になり、ホンダの知名度を大いに向上させたばかりか、実利をもたらした。スーパーカブが大幅に売上を伸ばしたのである。キャンペーンを開始した一九六三年のスーパーカブ販売台数は年間八四五台だったが、翌六四年には一万七八六六台に跳ね上がった。実に二一倍になったのである。

この高額な予算をかけたキャンペーン・ストラテジーは、これで終わらなかった。チャンスをつかめば攻めるしかないアメリカン・ホンダ・モーターは、一九六四年のアカデミー賞授賞式にスポンサー参加した。授賞式のテレビ中継に挟み込んだ一分二〇秒のコマーシャルフィルム一本の放送料は三〇万ドル（一億八〇〇万円）をこえた。外国資本の企業がアカデミー賞授賞式にスポンサー参加するのは初めてのことだったので、これは社会的なニュースにもなりパブリシティ効果をもたらした。またいくつかの大企業からタイアップビジネスの申し込みがあった。販売促進キャンペーンの賞品などにスーパーカブを使いたいという商談だった。

もうひとつショービジネスの世界で大きな話題になったことがある。世界的な人気を誇ったロックンロール・コーラスバンドのザ・ビーチボーイズが『Little Honda（リトル・ホンダ）』を作詞作曲して歌いはじめたことだ。「GO！　今日、早起きしたのは君を乗せるため」と唄い出し「僕らはホンダショップへ行くつもり」とまで唄い、「ホンダ、ホンダ、速い、速い」とリフレインするギター・サウンドのこの歌は、ザ・ビーチボーイズがメインテーマとした六〇年代の西海岸の明るく元気な青春風景を描いた一曲であった。歌詞を読んでみるとホンダのコマーシャルソングではないかと思えるほど、ホンダ万歳の爽やかロックンロールである。もちろんリトル・ホンダとは、スーパーカブとその流れをくむホンダの小型オートバイのことだ。『Little Honda』はザ・ホンデルズというコーラスバンドがカバーし、音楽誌『ビルボード』のヒットチャートでベストテンに食い込むほど大ヒットする。ザ・ビーチボーイズは名作映画『アメリカン・グラフィティ』の挿入歌になった『All Summer Long（オール・サマー・ロング）』でもホンダの名を歌い込んでいて、あきらかなホンダ好きである。固有のブランドネームである「ホンダ」を、なぜ人気バンドであったザ・ビーチボーイズが唄ったのかは、つまびらかになっていないが、ショービジネスの世界のことだから、真っ当な商業的仕掛けがあったのだろう。はっきりしていることはアメリカン・ホンダ・モーターが展開していた宣伝広告活動が、アメリカのポピュラーミュージックの最前線まで波紋を広げていたことである。

宣伝広告の効果は鮮明だった。一九六五年のアメリカにおけるスーパーカブの年間販売台数は三万三二九台に達した。前年比一八〇％で、宣伝広告キャンペーンをはじめる前の六三年からみれば約三六倍である。この三年間でスーパーカブの販売累計は五万台を軽くこえた。

ホンダブランド全体では年間二七万台を販売し、販売計画を達成している。それまで細々と存在していた小型オートバイの市場を、ホンダが開拓してビジネスを成立させたのだった。それは危険で粗野であるというオートバイのイメージを、スポーティーなモビリティあるいはスポーツのマシンへとイメージチェンジさせたからである。いままでになかったオートバイの楽しさを提案して広め、そこにマーケットを創出した。カリフォルニア州の有名なローズパレードではスーパーカブがオフィシャル・サポート・ビークルとして走りまわり、カリフォルニア州からは遠い南部のアラバマ州の少年がクリスマスプレゼントにスーパーカブをもらい、中西部のインディアナポリス五〇〇マイルレースでは全チームにスポーツキットを装備したスーパーカブが配られた。

ここまでホンダの名が広がればコマーシャリズムの国であるアメリカで社会現象になるのは当然であった。全米で毎週七〇〇万部以上を発行していたオピニオンリーダーの週刊誌『ライフ』は「ホンダに恋したアメリカ」という特集記事を掲載した。ホンダの二輪車がアメリカの人びとの生活を彩り、意識変化をもたらしたと書いた。そして当時のアメリカ大統領が日本の総理大臣と会談したときに「貴国のホンダは、アメリカ人の生活をすっかり変えてしまった」と語ったエピソード

設立間もない頃のアメリカン・ホンダ・モーター。ロスアンジェルス ウウェスト・ピコ通り。

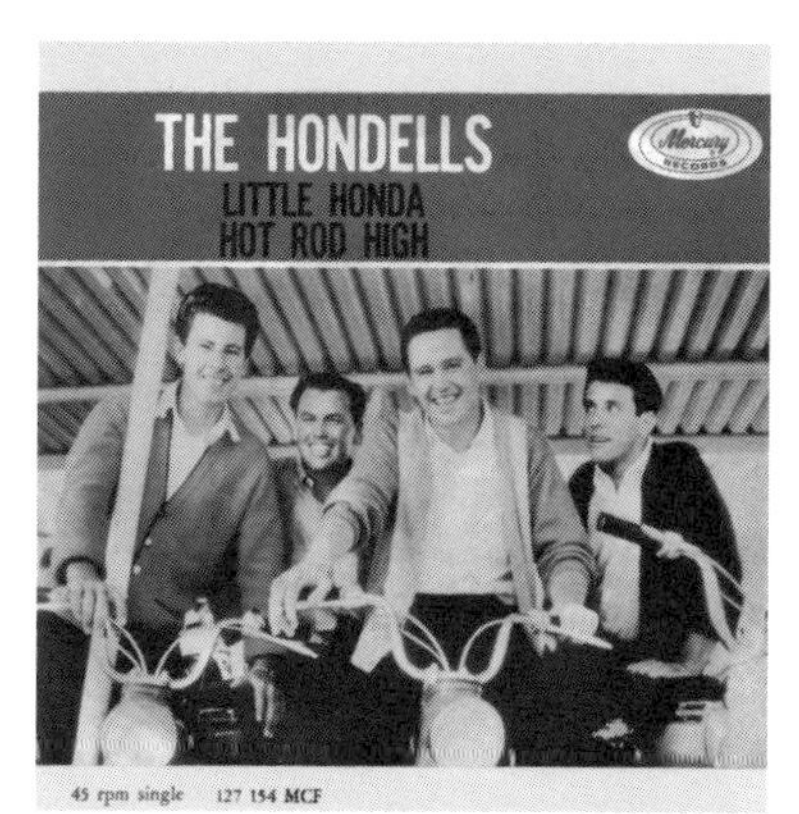

1964年、ザ・ホンデルズがカバーした『LITTLE HONDA』は、『ビルボード』誌のヒットチャートで9位にランクインする大ヒットに。

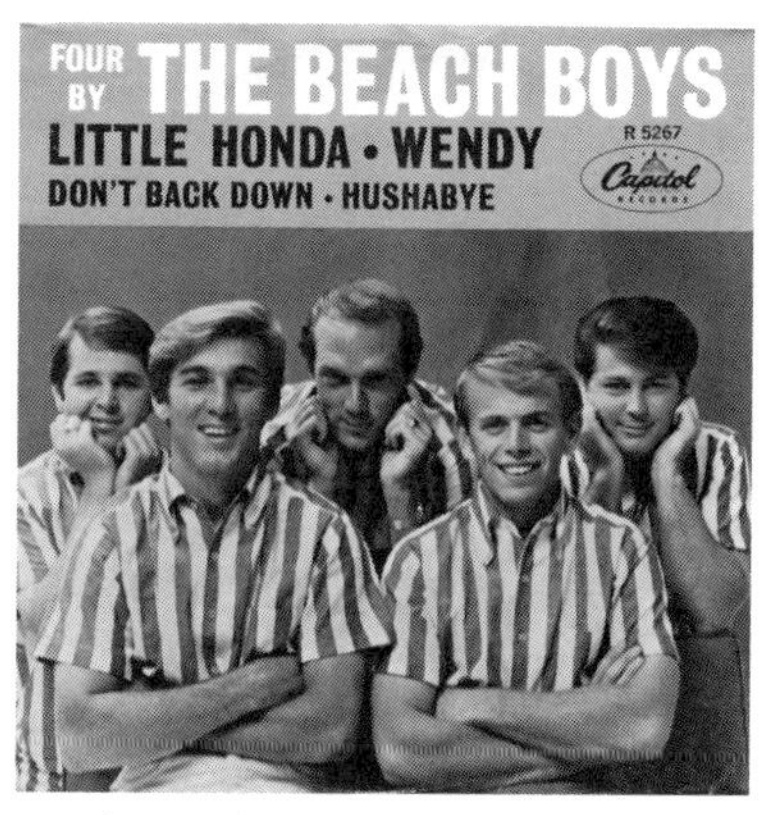

1964年に発売されたザ・ビーチ・ボーイズによるEP盤『Four by the Beach Boys』に『LITTLE HONDA』が収録されていた。

が生まれる。オートバイメーカーのコンベンション開催をうけつけなかった一流ホテルを、ホンダが交渉のすえに使えるようになったのは、社会現象というバックボーンがあったからだ。

スーパーカブはホンダのアメリカ市場開拓の尖兵になりえたのである。アメリカにはなかった、新しいジャンルのモビリティに新しい価値をつけて、社会現象を巻きおこした。スーパーカブという丈夫でキュートで経済的なモビリティには、それを可能にするポテンシャリティがあったことは重要な要素だが、アメリカン・ホンダ・モーターの販売戦略と戦術の立案と実行がなければ、この結果を獲得できなかったことはいうまでもない。

そしてホンダは、アメリカで売れるはずがないと思われていたスーパーカブを売ったことによって、バリエーション展開というビジネスモデルを身につけている。

五〇ccエンジンをサイズアップして六五cc、九〇ccにして走行性能に余裕をもたせたり、二人乗り用のシートをつけるといったことは序の口のバリエーション展開であった。

すでに書いたが、スーパーカブをアメリカで売りはじめると、釣りや狩猟を楽しむ人たちが野山や海岸を移動するための足に使った。そのことからアメリカン・ホンダ・モーターは、ラフロードやオフロードを走りやすいように、スーパーカブからレッグシールドとフロントフェンダーを取り外し、エンジンにアンダーガードを装着し、たくさんの荷物を積めるように大きな荷台をつけ、リヤに大小ふたつのスプロケットを装備した、ホンダ・トレール50と名づけたバリエーションモデルを企画開発した。トレールとは自然道と訳されるラフロードとオフロードのことだ。このトレール50を、釣り、狩猟、キャンプ、乗馬、カメラ、探検などの愛好家へ向けてセールスした。スーパーカブよりやや安い二七五ドルだった。農家や牧場でも馬の代わりに使われたという。

このトレール50から発展したスーパーカブをベースとするニューモデルが、通称ハンターカブのCTシリーズであった。ラフロードやオフロードを安心して走れる小型オートバイである。CTシリーズは、アメリカでスーパーカブを売ったからこそ生まれてきたモデルだった。

スーパーカブはアメリカでブームを巻きおこした。しかし、アメリカにおけるスーパーカブは人びとの生活的モビリティではなく趣味性の強い商品だった。しかもアメリカは獰猛(どうもう)な消費の国だから、ブームそのものを消費し尽くすということが起きる。それがブームであるからこそコンシューマーが飽きてくれば、ブームは終わる。スーパーカブのブームは、一九六六年から下降をはじめた。六六年の販売台数は一万六六二二台で、前年比五五%になった。

ホンダはこのとき、コンシューマーが飽きるという現実を理解できずに困惑している。日本の市場では飽きられることなく右肩上がりで売上が伸びていたし、アメリカでも人気が急上昇したので、スーパーカブの商品性に自信を持ちすぎていたのかもしれない。ベトナム戦争にアメリカが軍事介入したことで、徴兵制度があったアメリカ社会が変化したのではないかといった市場分析をして、売上減の理由を他に探している。だがすぐに、それまでのホンダの総路線である小機種大量生産が、アメリカ市場とスーパーカブの関係では通用しないことを思い知る。ただちにスーパーカブのバリエーション展開をはじめた。こういうときのホンダはとても思い切りがよく、スーパーカブからレッグシールドを外してスポーティーさを強調したスチューデントカブや、ステップスルーをやめてそこにガソリンタンクを置くスポーツキット装着モデルを売り出した。しかしバイク好きのコンシユーマーの関心が本格的なスポーツタイプへと向いていくことは趨勢だった。次々とスポーツタイプのオートバイを開発してはアメリカへ輸出して、全米でもっとも売れているオートバイブランドになっていたホンダ自身が、そのことを知らなかったはずがない。

一九七四年にはアメリカでのスーパーカブの販売がひとまず終了している。六三年からの販売台数の総計は八万六一二六台であった。

しかしながら、アメリカではハンターカブことCTシリーズの販売が継続していたので、スーパーカブはアメリカでハンターカブに生まれ変わっていたことになる。そればかりかアメリカ発のハンターカブは、エンジンのサイズアップや走破性能の向上といった改良を積み重ねて、日本、オーストラリア、ニュージーランドなどに広がっていった。

この変身する力こそが、スーパーカブ・シリーズの底力であった。その国や地域の人びとの生活文化や社会環境によって、スーパーカブは姿を変えてゆく。ステップスルーとレッグシールドと水平にちかい位置にあるエンジンといった基本の構造とシルエットは変わらないのだが、その国や地域に同化して変身し、車名も変わっていくのであった。ポテンシャリティというよりは、変身可能の柔軟さと表現したほうがふさわしいと思うが、この底力がなければ六〇周年と一億台という数字を達成することは到底不可能だった。スーパーカブは変身することで、さらなる増殖をしていくという、生命力あふれるモビリティなのである。

その最初の変身がアメリカで発生したことをもって、アメリカにおけるスーパーカブの輸入販売は、ひとまず終了ということになる。ホンダ50の時代が終わった。

しかし、スーパーカブはアメリカでリバイバルする。ふたたびスーパーカブのブームをおこすべく新時代のスーパーカブが登場してくる。ブームというのは、まったく新しい何かがつくり出すばかりではなく、しばしばリバイバルするものだ。返り咲くのだが、昔のままで復活するのではなく、新しいスタイルをまとっている。それはファッションでも音楽でも、そして小型オートバイでも同じだった。

一九八〇年（昭和五五年）にアメリカで六年ぶりにリバイバルしたスーパーカブは、ダブルシートの七〇ccで、パスポートというペットネームがついていた。アメリカではハンターカブCTシリーズの販売が継続されていたが、元祖スーパーカブがふたたびラインナップされたのである。当時のアメリカでは、地球自然環境と人類の共生をめざすエコロジーの生活思想が、若者たちを中心にひとつの潮流になっていた。この時代背景のなかで、エコロジカルな二輪モビリティとしてパスポートが登場してきたのである。エコロジーの時代が、燃費性能にすぐれたスーパーカブに、ビジネスチャンスをもたらすとホンダは考えたのであろう。

ホンダはエコロジーの時代の最先端をゆく自動車メーカーになっていたからである。カリフォルニアの大気汚染問題に端を発した自動車の排出ガス規制であるマスキー法が一九七五年からアメリカで実施された。自動車エンジンの排出ガスを一〇分の一まで低公害化する法律であったが、世界中の自動車技術者にとっては実現が困難なテーマになった。そのとき世界で最初にマスキー法をクリアするエンジンを開発したのがホンダだった。歴史的に名高いCVCCエンジンである。

ホンダは軽自動車や小型四輪自動車のシビックを製造販売するメーカーに成長していたが、まだフルラインナップのメーカーではなかった。シビックはアメリカにおいて通勤や買い物に便利な、廉価な小型自動車として頭角をあらわしつつあったが、そこに最新鋭の低公害エンジンが一九七三年に搭載されたのである。シビックは、エコロジーの時代におけるリーディングカーになった。ホンダの企業イメージは向上し、シビックよりワンクラス上のアコードが七六年に販売されたこともあわせて、アメリカ中産階級リベラル層のカスタマーを増やしていった。

このようなエコロジー時代のアメリカでホンダブランドの台頭をバックにスーパーカブ・リバイバルすなわちパスポートの販売が開始されたのであった。チャンスとみればスーパーカブを売ろうとするのはホンダのＤＮＡといっていい。

はたまた今日、二〇一八年に発表された最新型スーパーカブＣ１２５は、アジア・ホンダがタイ現地で技術開発し製造するニューモデルだ。日本での販売に際しては「より上質感を追求した原付二種のパーソナルコミューター」と位置づけている。静かでパワフルなエンジンは滑らかに回転し、ホイールは前後ともアルミでタイヤはチューブレス、フロントブレーキは高性能のディスクブレーキだ。その乗り心地は、とてもスポーティーにしてコンフォートである。スマートキーでセキュリティシステムとイグニッションスイッチのオンオフが可能で、ライト類はＬＥＤと最新の装備だ。全体のデザインは、ボリューム感があるけれどスマートさを失っていない。ステップスルー、レッグシールド、水平にちかい位置にあるエンジンといった基本のシルエットは変わらない。

このスーパーカブの最新モデルをホンダはアメリカでも発売する。ホンダらしく商品性に自信があるということなのだろうが、大型オートバイに負けないデザインのスポーツモデルである一二五

レッグシールドを外し、アップマフラーにすることで悪路走破性を高めたハンターカブは、当初はアメリカ向けに開発されたトレール車だった。写真はその極初期のモデル・C105H（1963年）で、スーパーカブをベースに、悪路用のブロックタイヤ、登坂力を増す大径ドリブンスプロケットも装備していた。

アメリカの排出ガス規制・マスキー法を世界で初めてクリアしたCVCCエンジンを初搭載したホンダ・シビック（1973年）。初代シビックはホンダ最初の登録車セダン。その車名は「市民」を由来とし、庶民のモビリティであることをアピールしている。もちろん登録車セダンにおけるボトムラインの商品だ。

新世代モデルとして登場したスーパーカブC125。パワーユニットは空冷4ストローク125cc単気筒エンジンで、アルミキャストホイールとディスクブレーキを採用する最上級モデル。企画・開発から生産まで全てタイでおこなわれている。

ccのグロムと、同じく一二五ccの可愛らしいモンキーが、アメリカで販売好調という実績に後押しされてのアメリカ市場投入だという。オートバイ愛好家のなかには小さなオートバイ好きが一定数いて、セカンドバイクに変わり種のモデルを好むそうだ。

アメリカで販売した最後のスーパーカブがパスポートならば三五年がすぎている。六〇年代からのスーパーカブ伝説が現在に伝わっているとは考えにくく、最新型のスーパーカブＣ１２５は小さなオートバイの愛好家をコアマーケットとして新しい独自の市場を開拓することになるだろう。しかし、そのマーケティングのキーワードは、おそらく六〇年代と変わりなく、物めずらしいデザインの小型オートバイは乗りやすく、乗って楽しく、丈夫で燃費がいい。アメリカにおいてスーパーカブ・リバイバルというブームがおこる可能性はゼロではない。

大規模投資「命が縮む思いの毎日」

さて、もう一度、日本でスーパーカブが新発売された一九五八年（昭和三三年）に戻って、ホンダの用意周到な企業戦略、すなわち藤澤武夫の事業計画について考察をすすめていきたい。

スーパーカブ開発に目処がついたあたりで、藤澤武夫は海外進出プロジェクトの他に、もうひとつ大きなプロジェクトに着手していた。当時、ホンダの資本金は七億二〇〇〇万円だが、その時代にあって六〇億円を投資する大事業だった。新工場の建設である。大きな利益が見込めれば、すかさず生産設備に投資するのは、この時代のホンダのセオリーであった。

スーパーカブの品質を着実に安定させ、月に六万台の大量生産ができる規模の新工場を建設する計画である。三重県に建設されることになる鈴鹿製作所であった。この規模の工場になると、企画から稼働まで二〇か月はかかるというから、一九六〇年五月に稼働開始した鈴鹿製作所は、スーパーカブ新発売の時期には計画が決定していたことになる。いかにスーパーカブの成功を藤澤武夫が確信していたとはいえ、これはリスクの高い設備投資計画である。少しでも計画が狂えば、投資の回収が長期化するばかりか、生産調整の必要が生じる可能性だってある。しかし新工場を建設しないという判断はありえない。賽(さい)は投げられていた。

スーパーカブ新発売の三か月後にクラッチが滑るという商品問題が発生し、問題解決の対応がワンタイミング遅れてしまい、売れ行きが伸び悩んだときの心境を、藤澤武夫はこう書いている。

「私[※6]は工場に出かけたり、研究所に足を運んだりで、右往左往しながら、命が縮む思いの毎日でした。(中略)入社五年目の若い技師がクラッチを直してくれたという。テストをして、大丈夫だったというのを聞いて、「ありがたい」と手を合わせるような気持でした」

さしもの藤澤武夫ですら「命が縮む思いの毎日」と書いている。海外進出と工場建設は資本金の一〇倍以上の投資計画なのだから、失敗すれば倒産の危機はまぬがれない。

その資本金についても藤澤武夫は積極的な増資に出ている。スーパーカブが大いに売れはじめると、発売翌年の一九五九年は一四億四〇〇〇万円と二倍、さらに六〇年は一気に四三億二〇〇〇万円、六一年になるとまたもや倍増の八六億四〇〇〇万円とした。たった四年で一二倍に増したのである。株式会社設立から一〇年ほどの新興中小企業ホンダにとって社会的信用をえるための資本金増資は必須要件であった。

スーパーカブが生み出した利益は、アメリカ進出と鈴鹿製作所建設、そして資本金の驚くような増資だけを実現したのではなかった。

一九五四年に宣言したままくすぶっていたオートバイ世界グランプリ・マン島TTレース挑戦計画を、スーパーカブ発売の翌年一九五九年に実現している。レース資金が重要な勝利の要素となる世界グランプリでホンダは、その三年後にふたつのクラスで世界チャンピオンを獲得し、以後六〇年代のオートバイ世界グランプリに君臨する。「私[※15]の幼き頃よりの夢は、自分で製作した自動車で全世界の自動車競争の覇者となることであつた」と宣言した本田宗一郎は、ここでひとつ本懐を遂げた。日本にはホンダよりはるかに大資本の自動車メーカーがいくつもあったが、世界グランプリに挑戦しているメーカーはひとつもなかった。一九六一年には鈴鹿サーキットの建設計画に着手している。オートバイを販売しているメーカーとして、オートバイを楽しむスポーツ施設を愛好家に提供するというホンダの主張は群を抜いていた。ホンダのモータースポーツ伝説のはじまりだった。

ホンダの正史[※12]には、一九六一年三月に「全国の中学・高校、一万五〇〇〇校にスーパーカブ寄贈」とある。そしてその年の六月に、スーパーカブの生産累計が一〇〇万台になった。新発売から間もなく三年をむかえようとしていた。

第四章

ヨーロッパ、そしてアジアへ

ベルギーで生産されたC310(1963年)

立ちはだかる保護貿易主義の壁

スーパーカブの海外進出、その第二弾はヨーロッパになった。

ホンダは一九六一年（昭和三六年）六月、西ドイツに全額出資のオートバイ販売会社ヨーロピアン・ホンダ・モーターを設立して、本腰を入れてヨーロッパにおける輸出販売を開始した。輸出するのはアメリカ同様に、当時のホンダの全製品であるスーパーカブ、ドリーム、ベンリィで、ここでもフラッグシップとなるのはデビューして三年になるスーパーカブであった。

当時のヨーロッパ地域は、年間三〇〇万台の二輪車が販売される世界最大の二輪車市場だった。東西冷戦構造の時代だったので、ヨーロッパは西と東に政治的に分断されていたが、資本主義と自由主義の陣営にあった西ヨーロッパ地域では、足こぎペダルのついたモペッドが庶民の足として大衆化していた。都市部においてはスクーターの人気も高く、オートバイも小型から大型まで、しかるべく浸透していた。世界各国各地域への進出を狙う拡大路線のホンダにとって、年間三〇〇万台の市場は大いに魅力があった。

だが、西ヨーロッパ地域は、自己充足している二輪車市場であった。イギリス、フランス、イタリア、西ドイツ、オーストリア、スウェーデン、スペインなど主たる西ヨーロッパの国ぐにには伝統的な二輪車メーカーがあり、二輪車商品の需要と供給はバランスがとれていた。旧植民地への輸出もおこなっている。しかもヨーロッパは、二輪四輪自動車を発明した近代機械産業発祥の地で、モータリゼーションの歴史は日本の半世紀先をゆく先進地域である。二輪車による庶民のモータリゼーションが歴然とあり、それは生活様式になっていた。

ホンダはそれらヨーロッパのメーカーから多くの技術を学び、モータリゼーションのあり方を考え、日本で急成長したオートバイメーカーであった。そもそもスーパーカブは、ヨーロッパのモペッドを手がかりにして、ホンダがつくり出したニュータイプのモペッドである。

そのようなヨーロッパへホンダが進出するとき、アメリカのように新たな需要を喚起してホンダのオートバイ市場をつくり出すというふうにはいかない。したがって多くの困難をともなう企業活動になるだろうとホンダは考えたはずである。だが、まったく突破口がないわけではない。

ホンダは勢いづいていた。日本とアメリカの市場で急成長したことから、オートバイの生産量と輸出量では、世界ナンバーワンのメーカーになっていたからだ。

しかも、西ドイツにヨーロピアン・ホンダ・モーターを設立した一九六一年に、ホンダレーシングチームは、オートバイ世界グランプリへのフルシーズン参戦を開始し、その金看板レースであるマン島TTレースの一二五ccと二五〇ccの二クラスで、一位から五位までを独占して初優勝している。ホンダが夢にみる世界グランプリのワールドチャンピオン獲得に王手をかける優勝だった。マン島TTレースに優勝できる実力があれば、ヨーロッパ各国を転戦してレースをする世界チャンピオンシップを制覇することが可能であった。ホンダのレーシングオートバイの技術は、本場ヨーロッパに追いつき追いこせの段階にあり、世界グランプリ初出場から四年目のホンダは、ヨーロッパのモータースポーツシーンにその名を轟かせていた。

ホンダにはヨーロッパのメーカーに勝るとも劣らない技術力を身につけたという心意気があっただろう。ヨーロッパの二輪愛好家たちが我が伝統として誇りにする世界グランプリを、ホンダの4(フォー)ストロークエンジンのレーシングオートバイが制覇するのは時間の問題だった。

ただし、レーシングオートバイの技術は、プロフェッショナルの選手がレースを走るときだけ最高性能を発揮するように設計し整備する特別なものなので、その技術がそのまま市井の人びとが買って毎日乗る市販量産オートバイに直結するとはかぎらない。レーシングオートバイの技術は、市販量産車のそれとは、次元のちがうところにある。ヨーロッパのオートバイメーカーは市販量産車を製造してすでに半世紀以上の歴史があり、地元ヨーロッパに根づき、世界各国各地域へ輸出していたが、ホンダは会社発足後一三年にすぎず、経験的技術がものをいう市販量産オートバイの製造においてヨーロッパのメーカーを凌駕していたとはいいがたい。

また、ヨーロッパ進出にあたっては、私企業の努力だけでは乗りこえることが難しい大きな壁があった。EEC(ヨーロッパ経済共同体)の保護貿易主義である。

EECとは現在のEU(ヨーロッパ連合)の前身となる経済共同体で、一九五八年(昭和三三年)にフランス共和国、ドイツ連邦共和国、イタリア共和国、オランダ(ネーデルラント連邦共和国)、ベルギー王国、ルクセンブルク大公国の六か国で発足していた。その名のとおり経済の共同を目的とする西ヨーロッパ最大の共同体である。EECの共同が有効に機能すれば、やがてヨーロッパ地域が連合してゆくという壮大な現代史の胎動がはじまっていた。そのEECの貿易政策は保護貿易主義であった。加盟国は相互に関税を撤廃し、自由な貿易をおこない、EEC域内という大きな市場を確保する一方で、ＥＥＣ域外からの輸入品には高い関税をかけるばかりか輸入量制限などの貿易規制をして、加盟国の産業を保護育成する政策を実施していた。

ＥＥＣは西ヨーロッパ地域のなかでも、年間二〇〇万台以上の大きな二輪車市場だった。この市場でホンダがビジネスを成立させれば、ヨーロッパ全域の三〇〇万台市場に食い込むことができる。

しかし西ドイツに設立したヨーロピアン・ホンダ・モーターが、日本で製造したホンダのオートバイを輸入すると、高い輸入関税をかけられ、それがホンダのオートバイの現地販売価格を押し上げ、ＥＥＣ加盟国のメーカーが製造するオートバイとの価格競争が圧倒的に不利になるのだった。

ホンダは高い関税に悩まされていたが、まだヨーロッパへ進出したばかりの時期であったし、ＥＥＣの政策変更の可能性にも期待していた。ＥＥＣの保護貿易主義の施策は、加盟国それぞれの経済政策のちがいや経済格差があるので、効果的に機能しないとみる意見があったからである。

ところがＥＥＣの保護貿易主義政策は着実に有効性を高めていった。後にＥＥＣを発展させてＥＵを発足させた粘り強い交渉力と、長期的な展望を堅持する姿勢からもわかるように、ＥＥＣの頑とした保護貿易主義はその加盟国に経済的利益をもたらす正当な政策になっていった。そのために関税率の上昇が予想された。そうなればホンダが輸出するオートバイの価格競争力はさらに低下する。ヨーロピアン・ホンダ・モーターのビジネスは不利になる一方だという見通しになった。

ただしＥＥＣの保護貿易主義の建前は、自由競争の否定ではなく、他国の企業活動を拒絶するものでもなく、加盟国における産業の保護と育成である。その妥当性を担保するために、ＥＥＣ域外の国の企業が、域内に製造工場を持ち、その工場のＥＥＣ域内における部品調達率を六〇％以上にすれば、域内で製造した製品と認め、関税をかけないという制度がもうけられていた。

ヨーロッパ最大の二輪車市場ＥＥＣで、ビジネスを軌道に乗せたいホンダは、現地製造工場の建設を検討せざるをえなくなった。高い関税ばかりでなく、日本からヨーロッパへの長距離輸送は時間もコストもかかり、それがまた商品の販売価格を押し上げていたからである。たしかに現地生産にすれば、ＥＥＣに歓迎され、製造と販売とサービスが現地化し、当然のことながら価格競争力をつけることができる。ほどなくホンダは海外へ進出する際のスローガンとして「需要のあるところで生産する」を掲げることになるが、そのような発想がすでに芽生えていたと考えられる。

しかし新興のホンダは、海外に製造工場を持って、部品の大半を現地調達し、現地生産する経験がなかった。アメリカへは完成車を輸出するＣＢＵ輸出（コンプリート・ビルドアップ輸出）であったし、台湾では提携工場へ全部品を輸出して現地で組み立てるＫＤ生産（ノックダウン生産）を始めたばかりだった。そのためにＥＥＣ域内に製造工場を建設し六〇％以上の現地調達部品でオートバイを生産するという計画の調査は、人員と時間をかける入念なものになった。

二か月間におよぶ現地調査の結果、ホンダはベルギーのアールスト市を選んだ。アールスト市は、首都ブリュッセルから三〇㎞ほどで、古くからの貿易港であるアントワープとは高速道路と運河でつながっていた。

外貨準備が不足している日本政府が許可した持ち出せる資本金は現金と現物あわせて七五〇〇万ベルギー・フラン（約五億四〇〇〇万円）で、ホンダとしては心細い金額であったろう。日本の企業がＥＥＣ域内に工場を建設し現地生産するのは初めてのことであり、先例がなかった。

こうして一九六二年（昭和三七年）五月にベルギー・ホンダ・モーターが設立され、一年後に月産二万台の製造が可能なベルギー工場が稼働した。一年間で工場を建設して現地従業員を雇い入れ、部品調達のルートをつくり、販売経路を開拓したのである。このようなスピードにあふれた展開は、当時のホンダがもっとも得意とする仕事だ。

この工場で製造するのは初代スーパーカブ、そして新開発のホンダC310であった。このC310は、スーパーカブの廉価版であるポートカブをベースに日本で開発された足こぎペダル装備のモペッドだった。ヨーロッパでモペッドといえば足こぎペダルがついたもので、バイクとモーターと小型オートバイの中間に位置するものだ。このタイプのモペッドがヨーロッパの二輪車市場で八〇%を占めているのだから、ホンダが足こぎペダルつきモペッドを新開発してヨーロッパ市場へ投入するのは当然の判断であった。C310はモペッドにしては重く大きかったが、ガソリンタンクを外づけにしてシートの下に小物入れを装備するといったコンシューマーの気をひく工夫があった。

しかし、スーパーカブとC310は販売不振に苦しんだ。

肝入りで開発されたC310は販売開始直後に品質問題を起こし、それをリカバーすると次はガソリンの入れ間違い問題に直面した。ヨーロッパ製のモペッドはすべて2（ツー）ストロークエンジンだったので、当時は給油時にガソリンと潤滑油を混ぜて燃料タンクに入れていた。C310は4ストロークだからガソリンと潤滑油のタンクは別であったが、カスタマーにとってガソリンと潤滑油を混ぜるのは生活習慣だったので、入れ間違いをして故障を誘発してしまう。

4ストロークエンジンのC310はパワフルに走り燃費性能にすぐれ、大柄な人には使い勝手がよい、といった商品特性をホンダは宣伝広告していたのだが、ヨーロッパのコンシューマーに広くうけ入れられなかった。スーパーカブとC310の居場所がなかったのである。しっかり庶民の生活に根づいていた二輪車の市場に割り込む隙がなかった。

また、オートバイ世界グランプリにおけるホンダレーシングチームの活躍についても、ヨーロッパの伝統的なモータースポーツが東アジアの日本に荒らされたとうけとめたコンシューマーが多く、それが販売不振の背景にあったという分析がある。

販売不振に苦しんだベルギー・ホンダ・モーターは一年ほどで資金切れにおちいり、工場閉鎖を考えざるをえないところまで追い込まれた。現地採用の従業員を解雇しない方針で再建がはじまったが、ベルギー・ホンダ・モーターが黒字になるまでに十数年を必要とした。

ヨーロッパにおけるスーパーカブ進出の第一回戦は失敗に終わった。ヨーロッパの政治経済と生活的なモータリゼーションは、あまりにも分厚く、短期間では切り込む隙をみつけられず、跳ね返されてしまったのである。商品を尖兵にして市場を開拓するホンダのビジネス戦略が、そのときのヨーロッパでは通用しなかった。この経験は手痛いものであったが、スーパーカブが世界各国各地域でそのまま万能の商品にならないことが確認できたのは収穫であったろう。

ひるがえって今日、ホンダのヨーロッパ二輪車ビジネスはスクーターからオートバイまで堅調を続けている。時代の趨勢(すうせい)によってヨーロッパも4ストロークエンジンの時代になっており、イギリスなどではピザ店の配達やロンドンタクシーのドライバー試験をうける者が道を覚えるためにスーパーカブを使っている光景を目にした。スーパーカブが拒絶されたわけではなかった。

ベルギー・ホンダ・モーター設立当時の工場前景(ベルギー・アールスト市)。

ベルギー・ホンダにて欧州専用モデルとして立ち上げられたC310の試乗テスト風景。

スーパーカブを先頭におしたてたホンダのヨーロッパ進出第一回戦の悪戦苦闘を、こうして検証しなおしてみると、ひとつの歴史的想像力がはたらく。それは一九六〇年代初頭のヨーロッパは、一九六八年のフランス五月革命、七〇年代におけるポストモダンのリセット潮流、そしてEUの成立を経ていない、前時代的な旧態然とした階級社会であったことだ。それは古く落ち着いたそれなりに自己充足している社会である。その社会で暮らす人びとの多くは文化的変動は好まない。ザ・ビートルズのロックンロールが流れはじめていたが、当時のビートルズはスーツ姿にネクタイをしてラブソングを歌うお行儀のいい若者たちであった。ロックミュージックが、全地球的な愛と平和、そして建設のための破壊を唄うようになるのは、これからという時代だった。

そしてスーパーカブだが、この小型オートバイは、やるせない一五年間の戦争とその敗戦直後に訪れた解放感あふれる日本社会のなかで生まれてきたことである。その解放感のなかに古来より揺るぎなく続いてきた封建的な社会が終わったかのような気分があったと見聞するが、その社会的気分のなかで庶民にうけ入れられたモビリティがスーパーカブである。したがってスーパーカブはクラスレスなモードを濃厚にまとっている。そのクラスレスな魅力は、スーパーカブの個性を形成する、ひとつのアイテムだ。働く生活者たる庶民が乗っても、ハイソサエティの人が乗っても、スーパーカブはスーパーカブでしかないという魅力だ。そこで考えられることは、このクラスレスなスーパーカブの正体が、ヨーロッパの人びとには刺激が強すぎたのではないかということである。いまふうの口語でいえば、一瞬ひいた、のではないか。自分たちの共同体社会に、ふさわしいモビリティには見えなかったのではないか、という考察は可能かつ妥当性があると思う。

未知なる巨大マーケット・東南アジア

一九六〇年代におけるスーパーカブ海外進出の第三弾は、東南アジアであった。ホンダが本格的に東南アジアの市場開拓に着手したのは一九六四年（昭和三九年）である。日本でスーパーカブが新発売されたのが五八年で、アメリカ進出は翌年の五九年、ヨーロッパが六一年だから、東南アジア進出はかなり遅い。日本での新発売から六年がすぎていた。

スーパーカブを、それが売れそうもないアメリカやヨーロッパから先に海外進出し、もっとも売れそうだと思えるアジアを後まわしにしている。すでに書いたが海外進出が困難であろうと思える地域を最初に選んだのは、ホンダ創業者の本田宗一郎と藤澤武夫ならではの戦略であった。やると決めたら、まず困難なことから手をつけたほうがいいと躊躇なく考える。遠まわりに見えても、それが近道だという考え方だ。これは言葉のあやでも精神論でもない、ふたりの創業者のリアリズムであった。誰が考えても2ストロークエンジンの全盛期が長く続くだろうという時期に、2ストロークの時代が終わったあとまで見据えて、4ストロークエンジンの全面展開をホンダが選択したのも同じ理由だった。いかに困難な道であっても、それが本筋ならば、ためらうことなくその道をゆくことこそ、生き残る道だと考える。えらく格好のいい考え方だが、その道を選んだときから、格好がつけられるまで、山あり谷ありの道行きになるのは覚悟の上であった。

しかし、ホンダがアジアで何もしていなかったわけではない。東アジアの近隣諸国である中華民国（台湾）との縁は古く、バイクモーターのA型を一九四九年に輸出したのを皮切りに、六一年には部品を輸出して現地で組み立てるＫＤ生産（ノックダウン生産）を開始している。六三年には国交樹立前の大韓民国でもＫＤ生産がはじまっていた。

ホンダが大規模な進出を計画していたのは東南アジア地域であった。それはアジアのなかで進出可能な最大人口地域だったからであろう。当時の台湾は人口一二〇〇万人をこえたばかりで、韓国は二九〇〇万人ほどである。ところが東南アジアは、まだASEAN（東南アジア諸国連合）発足前だが、タイ王国、インドネシア共和国、フィリピン共和国、マレーシア、ベトナム共和国（現社会主義共和国）、ビルマ連邦（現ミャンマー連邦共和国）、カンボジア王国、ラオス王国（現人民民主共和国）など、この地域の当時の人口はゆうに二億人をこえていた。インドやパキスタン共和国（現イスラム共和国）など南アジアへの進出拡大を視野に入れれば、その人口は四倍以上になる。人口増加率も高く、巨大な市場になる予測である。ホンダが海外進出の国や地域を選ぶときの法則は、人口が多い地域を優先することだ。

ホンダはシンガポール共和国に事務所をかまえて東南アジア地域の入念な調査を開始し、一九六四年にタイの首都バンコクに現地法人エイシァン・ホンダ・モーターを設立した。

当時はまだ人口三〇〇〇万人をこえたあたりだったタイを選んだのは、日本と古くから国交があり、歴史的にも地理的にも東南アジアの中心的なポジションにあって、もっとも経済成長が期待できる国だからである。農業国なので工業化のために外国資本を積極的にうけ入れる政策があり、ベトナム戦争に直接介入していたアメリカ軍の後方基地になっていたので特需景気が発生していた。

エイシャン・ホンダ・モーターは、日本から完成車を輸入し販売する一方で、現地生産へ向けて加速度的に事業を前進させた。日本から輸入する製品の筆頭はスーパーカブだが、タイの通貨であるバーツが日本円よりはるかに弱く、大きな経済格差があり、関税が上乗せされることもあって、タイの庶民にとっては高級な輸入車だった。現地で製造しないかぎり、廉価なモビリティを提供できない。そこで、エイシャン・ホンダ・モーター設立の翌六五年には、現地生産会社のタイ・ホンダ・マニファクチャリングが設立され、主要部品を日本から輸入するＫＤ生産（ノックダウン生産）から現地生産がはじまった。ホンダの二番目の海外生産拠点である。

ホンダはこの二年ほど前からベルギーでの現地生産を開始していたが、工業先進地域のヨーロッパと工業発展途上の段階にあるタイでは、同じ現地生産という言葉でひとくくりにできないほどの大きなちがいがあった。ヨーロッパでは難なく入手できる部品が、タイでは入手できないのである。とにもかくにも部品の現地調達率を引き上げて輸送費と関税を回避しなければ、タイ庶民の手が届く販売価格にはならない。そのためには、現地資本の部品メーカーを育成するか、日本でホンダに部品を供給するメーカーがタイへ進出して現地法人工場を設立するしかない。次の段階ではタイ一国のみならず、日本より安価で製造できるアジア域内のメーカーとも手を組むわけだが、これもまたメーカーを育成することとセットですすめなければならない。さらにタイで製造したホンダ製品を、東南アジア各国へ輸出することも急務だった。

日本で創業して急成長したホンダは、日本の部品メーカーを短期間で育成する経験をしてきたとはいえ、ようするにタイにおける現地生産は、ホンダにとって初めて経験する海外の仕事になった。

マレーシアの独自性と典型性

こうして東南アジアでのスーパーカブの製造と販売がタイで始まるのだが、これが東南アジアにおけるスーパーカブの初お目見えではなかった。日本でスーパーカブが新発売された翌年から、いち早くスーパーカブの完成車を輸入販売している国があった。マレーシアである。

マレーシアの華人企業である文秀有限公司は、日本でスーパーカブが新発売される一年前の一九五七年から、ホンダのオートバイ製品を完成車輸入で販売しており、スーパーカブも五九年から販売していた。当時の文秀有限公司の社長がホンダ製オートバイの優秀性を認め、また本田宗一郎を敬愛していたからだという。

人当たりが柔らかなスーパーカブは、穏やかなマレーシアの人びとに好まれ、文秀有限公司のスーパーカブ・ビジネスはじわじわと成長していった。マレーシアの順調な経済発展があったからである。

モビリティの販売をするとき、売りっぱなしでアフターサービスをおざなりにすれば、その商品マーケットは衰退していくものだ。モビリティは人の命をあずかる商品だから安全性を保証しなければならない。販売網を拡大するのと同時に、十分な量の部品を在庫し点検整備や故障の修理をするカスタマーサービスの部門も充実させなければ、ビジネスが持続するはずがない。

文秀有限公司はその努力を一〇年間続けて成長し、六九年にはホンダと技術提携契約を結んで完成車の組立工場を稼働させた。日本のホンダから部品を輸入して現地組立をするKD生産工場である。やがて二〇〇八年にはホンダと文秀有限公司は合弁会社ブン・シュウ・ホンダを設立し、マレーシアにおけるホンダの二輪車製品を製造販売することになった。資本比率はホンダが五一％である。

ブン・シュウ・ホンダは、ホンダが現地企業に輸出販売をまかせて信頼関係を築き上げ、次の段階では技術提携契約を結んでパートナーシップを深め、最終的に合弁会社を設立するというプロセスを経て生まれた。こうしたプロセスでホンダが海外でビジネスを展開する例はいくつかあり、最終的に合弁会社を設立するかどうかは条件と状況によるが、それはひとつの現実的な方法になっている。ブン・シュウ・ホンダの場合は合弁会社設立まで五〇年以上の時間がかかっている。

二〇一七年にブン・シュウ・ホンダは、マレーシアにおける二輪事業が六〇周年をむかえ、その現地生産累計が五〇〇万台に達したと発表している。現在のマレーシアの人口は約三一八〇万人で、二輪車の保有台数は九五〇万台程度だ。この累計生産五〇〇万台の大半はスーパーカブとみていいのだが、近年はスクーター人気がいちじるしく上昇している。これはアジア全域に見られる傾向で、スーパーカブと小型オートバイの人気が飽和し、スクーターのトレンドが台頭しているからだ。

また、マレーシアにおける年間の二輪車販売台数は、六〇万台を優にこえていた最盛期から下降して近年は五〇万台を割っている。この減少傾向はマレーシアのめざましい経済発展の結果だと分析されている。天然ガスやすずなどの地下資源にめぐまれた農業国のマレーシアは、一方で近代工業化政策を着実に実行してきたために、東南アジア諸国ではシンガポールに次いで国民生活が豊かであると統計数字はしめしている。日本貿易振興機構によれば、二〇一七年のマレーシアのひとりあたりの名目GDPは九八一八米ドルだ。

この統計数字でマレーシアのモータリゼーションを紐解くと、二輪車から四輪車への移行期にあることがわかる。所得が増えれば、一家に一台のクルマは、二輪車から四輪車へと移行していくものだ。四輪車は、より多く乗れ、転倒の恐れがなく、万が一の交通事故でも身体的被害が少ないだろうし、雨や風に悩まされることがない。ただし、二輪車のモータリゼーションを経験した国のコンシューマーは、四輪車を所有したあとも二輪車を手放さない傾向にあるという。手軽で燃費がよく、交通渋滞をさほど気にしなくてもすむ、二輪車を便利に使う生活を知り尽くしているからだ。

マレーシアはスーパーカブが社会に定着した国である。二〇一七年に日本で一般公開されたマレーシア映画『タレンタイム　優しい歌』は、女性監督ヤスミン・アフマドの遺作長編映画となった二〇〇九年の青春映画だ。多民族国家ゆえの多層多重な社会で生きる高校生の男女が主役の青春恋愛物語なのだが、名脇役のようにスーパーカブが登場する。いや、スーパーカブがなかったら、この物語は成立しない。国際的に注目されていたマレーシア人の女性映画作家が、マレーシアの社会に生きる高校生たちの日常生活をフィルムで描くとき、青春映画に欠かせない「走るシーン」をスーパーカブが淡々とひきうけている。スーパーカブがスーパーカブらしく存在だけを主張するがごとくマレーシアの町の風景と音楽のなかに溶け込んでいる映画だった。

そのようにマレーシアに存在するスーパーカブが、他の東南アジア諸国のように強烈な存在感を感じさせないのは、穏やかなこの国に静々とスーパーカブが浸透していったことを物語るのだろうし、順調な経済発展を遂げたことで二輪モータリゼーションの爆発的な時代を経過せずに、四輪モータリゼーションへの移行が開始されたからだ。マレーシアにおけるスーパーカブの庶民生活への定着は、他の東南アジア諸国では見ることができない落ち着きがある。このスーパーカブ的状況は、他の東南アジア諸国の数十年先の姿なのかもしれない。

限界をこえたタイの悪戦苦闘

ホンダが東南アジアの拠点を置いたタイでは、一九六四年にスーパーカブを売り出しているが、すぐさま爆発的にヒットしたかといえば、そのような甘い夢はあるはずもなかった。

ホンダとて東南アジア進出のための入念な調査をするまでもなく、タイの経済発展を待たなければオートバイ商品の魅力的なマーケットにならないことは自明であった。

六〇年代のタイの首都バンコクで、庶民のモビリティといえば、せいぜい自転車であった。廉価なスーパーカブとはいえエンジン搭載のモビリティを買うだけの経済力が庶民になかったからだ。ところが四輪車のモータリゼーションはあった。貧富の差が激しい国において、四輪車を買うことができる階級に属する家では、運転免許を取った子供の誕生日に四輪車をプレゼントすることができるが、自転車すら買えない家は一生かけても自転車は買えないという譬(たと)え話がある。その四輪車を所有できる階級が四輪車のモータリゼーションの主役になるからだ。当時のバンコクは片側三車線の大通りを多くの四輪車が走るなかに、オートバイやスクーターがちらほら走っているぐらいで、三輪の人力自転車タクシーであるサムローや2ストロークエンジン搭載の三輪車タクシーであるトゥクトゥクの方が目立っていたと聞く。

ホンダがそのような段階にあったタイへ進出したのは、近い将来へ向けて準備をしながら根をはるためであり、東南アジア地域の経済発展動向を肌で感じることで経営判断のスピードをアップさせるためであったろう。ホンダはここでも五〇ccのスーパーカブをおしたてて市場を開拓するのだが、近代においてはイギリスとフランスの影響をうけ、終戦直後からはアメリカの影響を強めていたタイでは、オートバイらしいカタチをしたオートバイやスクーターが好まれていた。そのためオートバイと異なるスタイルをもつスーパーカブを売るためには、廉価と丈夫さと燃費のよさなどの利便性を知らしめるところから始めなければならなかった。タイ各地でスーパーカブを目にする現在の視点で考えると、タイおよび東南アジアはスーパーカブのためにあった潜在的市場だったとさえ思えてしまう。しかし、その潜在性はゼロではなかったかもしれないが、あくまでもホンダがスーパーカブをおしたてて開拓した市場なのである。需要をつくり出して販売することで、タイの庶民生活にスーパーカブを根づかせた。

タイにおける二輪車のモータリゼーションが始まるのは、多国籍企業活動がグローバリゼーションと呼ばれるようになる七〇年代後半に、外国資本が盛んにタイへ投資するようになってからのことである。この頃から首都圏の若者たちが小型オートバイを買えるようになった。

八〇年代後半にホンダはタイで年間三〇万台のスーパーカブを中心とするオートバイ商品を売るようになっていたが、それでも二輪車市場では第三位のシェアに甘んじていた。苦戦をしいられていたのである。なぜならば、その時代のオートバイのカスタマーは、圧倒的に2（ツー）ストロークエンジンを好んだからだ。4（フォー）ストロークエンジンのスーパーカブは人気がなかった。その時代のライバルであったふたつのメーカーは、どちらも日本のメーカーで、2ストロークエンジン搭載のモデルをずらりとラインナップしていた。カブ・タイプと呼ばれるスーパーカブに似たシルエットの小型オートバイにも2ストロークエンジンを搭載していた。そのエンジンは五〇ccのみならず七〇ccや九〇ccもあり、ホンダのスーパーカブにはない強烈な魅力をもつカブ・タイプであった。

2ストロークエンジンの魅力は、パンチ力がある強烈な加速性能とスピードだ。その特徴は小排気量車において特に顕著で、一二五ccの2ストローク・オートバイの加速力とスピードは二五〇ccの4ストローク・オートバイに匹敵するといわれたぐらいだ。4ストロークエンジンにくらべてシンプルで構成部品が少ない2ストロークエンジンは小型軽量である。そのためにオートバイの総重量を軽くできることも加速力やスピードに有利な理由であった。

速いというのはモビリティの決定的な魅力である。信号停止からの発進競争や、繁華街で夜ごと繰り広げられていたという公道加速レースで、2ストローク・オートバイは加速性能を見せつけて人気を独占していたのである。

スーパーカブは、4ストロークエンジン搭載の小型オートバイであるという原則を堅持し、それはホンダの矜持（きょうじ）だった。しかし4ストロークエンジンでは、同じ排気量の2ストロークエンジンの加速力とスピードに、どうしても勝てない。エイシャン・ホンダ・モーターは経営状態を悪化させていった。

市場占有率でライバルに負けることをホンダは良しとしないところがある。順調に利益をあげていても、計画台数を売っていても、シェアで負けることを嫌う。世界ナンバーワンの二輪車メーカーとしてのプライドが許さないということがあるのだろうが、勝負どころにおいてシェアで負けることが危機的状況の発端と考えているように思える。

二輪車メーカーの企業競争は、まるでレースをしているような展開になっていくものだ。四輪車メーカーの企業競争も企業と企業がぶつかりあう強烈さがあり、サラリーマンのファンタジーである企業小説を地でいくようなところがあるが、二輪車の場合はスピードを競りあうレースそのものの展開になるように思う。それはオートバイに乗る者とクルマに乗る者の人間の性質と生き方のちがいに起因すると考えることがある。オートバイに乗る者は宇宙的な自然と一体になりたがり、雨が降れば雨に濡れる野性を好むからだ。

当時のホンダは、反転攻勢に出るとき大胆不敵に鋭い牙をきらりと光らせた。エイシャン・ホンダ・モーター の戦略的ビジネスモデルは、地域限定のニューモデル・シリーズをデビューさせることであった。シリーズの総称は、「ファミリースポーツ」である。

ファミリースポーツの第一弾である一九八七年発売のノバS・Z110を、ホンダの正史はこう書いている。

「[※16]1980年半ばのタイホンダには現地ユーザーの心をとらえる機種がなく、他社の追いあげにあって営業不振に陥っており、機種戦略の立て直しが必要であった。「ノバS・Z110」はタイの若者の心を読み、彼らの好む性能、装備、外観を探りだすための徹底的な現地調査の結果を踏まえて開発された機種であり、ファミリーバイクをベースに若者の心をとらえるスポーツイメージを織り込んでまとめあげた」

ノバS・Z110は2ストロークエンジンを搭載していた。黒く塗られた一〇五cc単気筒で、最高出力一一・八馬力を発生した。同時代にタイで販売されていた4ストローク一〇〇ccのスーパーカブ・ドリーム100のそれは七・四馬力である。駆動系はスーパーカブ同様の速度型機械式自動クラッチで四速ギヤだった。全体のシルエットはステップスルーだが、レーシングマシンを彷彿させる先鋭的なデザインがほどこされ、レッグシールドはなかった。そしてフロント・ディスクブレーキ、可変式セパレートハンドル、大型チャンバー、スポーツタイヤと、これらもまたレーシングマシン並みの装備である。それでいて若者たちにも手が届く価格で二万八二〇〇バーツだ。デラックス型のドリーム100のセルフ式スターター付二万七〇〇〇バーツとくらべれば、わずかに高いだけである。まさに起死回生の飛び抜けた高性能モデルで廉価だった。その商品性は、ライバルがおいそれと追従できない次元にあった。

高性能な市販量産2ストロークエンジンを開発する技術を、モトクロス・レース活動をすることでホンダは手にしていた。4ストロークエンジンにこだわる姿勢は相変わらずであったが、一九七三年に二一年ぶりに五〇cc2ストロークエンジンをモペッドのノビオPM50用に開発し量産市販してから、4ストローク一辺倒のエンジン路線をあらためていた。

ノバS・Z110は大ヒット商品になった。発売一二か月後の統計では、タイにおけるナンバーワン人気のオートバイになった。矢継ぎ早にファミリースポーツのシリーズ展開がおこなわれた。

ノバS・Z110は毎年のように改良が続けられ、エンジンは一四馬力を絞り出すまでになった。マニュアルクラッチの五速ギヤのモデルもあった。興味深いのはノバS・Z110は男性向けのモデルという認識から、女性向けのハイパワー派生モデルのセラTH110まで販売したことである。2ストロークエンジンの加速スピードに憧れるすべてのコンシューマーを根こそぎホンダのカスタマーにしてしまおうということだろう。

そして一九九二年に、タイの二輪車市場で、ホンダはシェア四〇%を占めるにいたり、ナンバーワンメーカーへ返り咲いたのである。トップを奪還すれば、あとはライバルとのリードを広げるのがレースというものだとばかりに、水冷一二五cc2ストロークエンジンのノバRS・NZ125が登場している。最高出力は二二馬力だった。ライバルたちとの凄まじい販売レースが展開されたことは、2ストロークエンジンのファミリースポーツ・シリーズのモデル変遷をみれば明白であろう。ホンダはその販売レースに勝ち抜いてナンバーワンメーカーのポジションを奪還して譲らなかった。

しかし、タイの地域専用モデルである2ストロークエンジン搭載のファミリースポーツはスーパーカブではない。何をもってしてスーパーカブ・シリーズなのかは、バリエーション展開が続けば続くほど非常に線引きが難しくなってしまうのだが、ファミリースポーツにはレッグシールドがないし、4ストロークエンジンでもない。ところがファミリースポーツにはステップスルーがあり、スーパーカブと同じシルエットだった。メカニズムも性能もスーパーカブとは別の次元にあるが、その姿が似ている。いや、似せているようにしか思えない。

実はタイには2ストロークエンジンを搭載したスーパーカブがあった。一九九六年に新発売した

スマイル(1990年)

ノバの人気を受け、排気量105ccの2ストロークエンジンを搭載してタイに登場したのがスマイルだ。レッグシールドは残しているが、カラフルでボリューム感あるデザインが採用され、瞬発力あるエンジンやシングルショックといったスポーティーな装備を組み合わせる。

タイのハイパワー嗜好を反映し、ついにホンダも1987年に2ストロークエンジンを搭載したノバシリーズを送り出す。R（写真）やRSなど、より高性能なバリエーションモデルも若者たちの人気を集めた。後に後継モデルのソニックへと引き継がれる。

ノバR(1992年)

ウェイブ125S（2002年）

2000年代に入ると、タイの4ストロークエンジン搭載シリーズに、スタイリッシュなデザインを持つウェイブが登場する。ウェイブは東南アジアをへて世界中に展開されていく。翌03年には電子制御燃料噴射装置搭載モデルも誕生している。

スマイルNT110というモデルだが、ノバの空冷2ストロークエンジンを搭載した、ステップスルーのシルエットでレッグシールドのある、まぎれもないスーパーカブだった。他社のカブタイプがすべて2ストロークエンジンだったので、その対抗馬として開発されたモデルだから、市場原理によって誕生したわけである。ホンダはスマイルNT110を「タイカブ系」に分類している。ここにきてスーパーカブ・シリーズは4ストロークエンジンでなくてもいいのだという現実があらわれた。原動機の種類によってスーパーカブは規定されていなかったのである。実際、電気モーターを搭載したスーパーカブのプロトタイプは何度も東京モーターショーなどで公開され、それが現実の実用車になることは大いに期待されているが、そのときは電動スーパーカブと呼ぶはずだ。

だが、ホンダの4ストロークへのこだわりは、やはり強い。爆発的な2ストローク路線からはじまったファミリースポーツ・シリーズだが、やがてチャンスをとらえて4ストロークへと回帰してゆく。そのチャンスとは、タイ国王のラーマ九世による「大気浄化宣言」であった。当時のタイ国王は自身の活動をテレビコマーシャルで広報していたほど国民的人気が高く、社会的権威は絶大で、その鶴の一声が「大気浄化宣言」だった。この宣言を二輪車の文脈で了解すれば、4ストロークエンジンにせよと言われたようなものである。

4ストローク回帰のモデルはソニック125RSで、レーシングマシン並みの水冷一二五ccエンジンは最高出力が一四馬力もあった。スタンダードな一〇〇ccスーパーカブの二倍の馬力だ。スピードメーターは時速一六〇kmまで表示していた。4ストロークであってもホンダが本気を出せば、このような高性能が可能だと主張するかのようなモデルであった。ただしシルエットはステップスルーだが、レッグシールドがない。自動クラッチではなくマニュアルの五段ギヤだった。したがってスーパーカブ・シリーズには分類されないのだが、しかしスーパーカブのイメージから離れようとしていない。これはスーパーカブのイメージを高めるエスコート的なモデルだった。

タイの首都バンコクをメインステージにした2ストロークエンジン小型オートバイの過激な販売レースは一〇年間にわたって展開されたが、その間にもタイ全土でスーパーカブの販売は継続され、一九八六年にはタイ専用スーパーカブ・シリーズとして開発したドリーム１００が登場し、さらに九七年にはスポーティーな廉価モデルであるウェイブＮＦ１００が誕生している。日本と同様のスーパーカブを製造販売していた時期が終わり、タイのコンシューマーの好みにあわせたドリームとウェイブの登場だった。

この2ストロークオートバイ販売レースは意外な大団円をむかえる。一九九七年七月、アジア通貨危機が勃発し、タイの通貨であるバーツの大暴落が引きおこされ、外国資本の投入で好景気が続いていたタイ経済は瞬間的に崩壊した。深刻な不況に襲われたのである。タイの多くの企業が倒産に追い込まれ、大量の失業者が発生した。それまで陽のあたるような明るさにあふれていたバンコクの町が、暗く静かなグレーの色につつまれたように見えたのをよく覚えている。

タイの庶民は大不況に打ちのめされ、二輪車の市場は一気に落ち込んだ。小型オートバイの市場は、それが富と権力をもたない庶民の市場なので、経済や政治の変動に否応なく振りまわされる。ホンダの二輪車ビジネスも凄まじい逆風に襲われた。

だが、ピンチはチャンスだった。丈夫で維持費が安く財産性が高い、しかも燃費がいい４ストロークエンジンのスーパーカブの訴求活動を地道に続けていたこともあって、タイのコンシューマーが目を覚ましたようにスーパーカブに目を向けたのである。熱気をはらんだ2ストロークエンジン全盛の時代が終わった。不況によって構造的な経済格差が広がり、その皺寄せに苦しみ続ける農村部や漁村部では、2ストロークエンジンのパワーは道楽的な快楽にすぎず、スーパーカブこそが庶民のパーソナルモビリティであることに変わりがなかった。

タイにおけるホンダのオートバイビジネスは一年ほどで回復し、スーパーカブのリバイバルブームが起きてきた。重大な不況に襲われることを予測していたわけではないだろうが、スポーティーで廉価なウェイブの市場投入タイミングが大不況勃発と重なり、不況下にあるからこそウェイブが売上を伸ばしたのである。

アジア通貨危機から三年後の二〇〇〇年には、タイ国内の二輪車年間販売台数が約九〇万台になり、そのうち約六三万台がホンダになった。ホンダの市場占有率は七〇%に上昇していた。この年にタイで販売されたオートバイの九八%が4ストロークエンジンだったからである。タイでホンダが製造するオートバイは八七万台になり、二四万台が輸出された。輸出先は九か国に広がっていて、おもに東南アジア諸国であった。

翌年の二〇〇一年は二一世紀の幕開けの年だったが、タイのホンダは一〇〇万台のオートバイを製造した。東南アジア諸国で庶民の購買力が回復し、輸出が伸びたからである。一九六七年にホンダがタイでオートバイの製造販売をはじめたときの年間生産台数は四九四台にすぎなかったことを思えば隔世の感がある。タイで製造され輸出されるオートバイは、その大半がスーパーカブであったことはいうまでもない。

二一世紀に入ってからタイにおけるスーパーカブの製造と販売が順調に推移したかといえば、スーパーカブが庶民のモビリティであるかぎり、そのようなお伽話はないのであった。タイにかぎらずどのような国でも、グローバリゼーションの時代は国際的な経済危機がひとつの国のひとりの庶民生活を直撃することがあり、為政者が庶民の生活をかえりみなければ庶民は耐え続けることしかできない。タイにおいては二〇〇八年のリーマンショックによる不況でオートバイの販売台数が低下し、二〇一三年からは景気の後退や農業政策の失敗などで、販売が長期にわたって低迷した。皮肉なのは二〇一二年の大洪水のときは水没したオートバイの買い替えで需要が伸びている。

二〇一八年の時点でタイのホンダは年間一七〇万台の二輪車を製造できる規模になっている。タイの二輪車市場では市場占有率が八〇%に達する年すらある。その二輪車市場では大型オートバイ人気のトレンド風が吹いていて、小型二輪車ではスクーターが台頭しているが、庶民の生活必需品として根づいているスーパーカブはいまも出しゃばらない主役である。

そのタイから二〇一八年より新型スーパーカブC125が日本へ輸出されている。二〇一〇年あたりからタイのホンダでは新機種を開発し製造して世界各国各地域へ輸出しているが、それがついにスーパーカブの最新鋭機種にまでおよんだのである。五三年前にスーパーカブを日本から輸入して販売していたタイから日本へ最新鋭のスーパーカブが輸出されるようになった。これはホンダがつくり出したスーパーカブビジネスのグローバルな循環というものだ。スーパーカブはとっくの昔に日本の特産品ではなくなっている。そしてスーパーカブの生産累計が二億台に達するのではないかと予測されるのは、このように展開し拡大を続けるグローバルな循環があるからだ。

タイのホンダは電気モーターで走る電動小型二輪車の市販計画を発表している。それがもしスーパーカブであったら、世界最初の市販電動スーパーカブということになる。ただし、スーパーカブは徹底した実用車でなければならず、それはすぐれた機能性と廉価をもってして裏書きされる。モビリティの電動化は大いに期待されるものの、バッテリーの技術に飛躍的なイノベーションが起きたとの情報は耳にしていない。したがって、タイの電動二輪車がスーパーカブであるかどうか、いまは定かではない。

第五章　スーパーカブ・パラダイス

ベトナムのウェイブ・アルファ(2002年)

ベトナムの記憶

ベトナム社会主義共和国のホーチミン市（旧サイゴン市）を最初に訪れたのは、一九九五年（平成七年）であった。ホーチミン市は、北の首都ハノイと並びたつ南の商都だ。

スーパーカブが多いと聞いてはいたが、聞きしに勝った。スーパーカブが群れをなして走っていた。次から次へと湧き出すように無数のスーパーカブが走ってくる。前後左右の車間距離を短くとっているので、群れの密度が高い。その群れが途切れない。四輪車の数が少ないので、大通りも路地も、道という道は見渡すかぎりスーパーカブの群れなのである。

群れはゆっくりとしたスピードで整然と走り、流れを乱す者を見なかった。当時は誰もヘルメットをかぶっていなかったが、相互の安全を守る共同体的ルールを、群れを構成している全員が了解していることは見てとれた。

いまベトナムを初めて訪ねる人は、この国はやたらに二輪車が多いと思うはずである。国民一人当たりの二輪車保有率は五〇％で、それを所帯数にすると九〇％という統計数字があるが、信じるに値する統計だ。スーパーカブはもちろん、大小さまざまな種類のオートバイやスクーターやら電動二輪車が群れて走っている。

しかし、このとき一九九五年のホーチミン市で見た、二輪車の大群は、九〇％がスーパーカブだと思えた。スーパーカブだらけなのであった。

そのスーパーカブの群れは、熱帯の町が夜になっても続いた。「スーパーカブに乗って夕涼みしているのです」と地元の人がおしえてくれた。

当時のホーチミン市のスーパーカブ所有率は四人に一人の割合だと聞いた。一家に一台と考えていいだろう。そのときのホーチミン市の人口は約四八〇万をこえたほどなので、したがってスーパーカブは一二〇万台ということになる。

町中には見張り番がいる有料の路上駐輪場がいくつもあり、路上の洗車商売も多い。洗車を頼むと簡単な点検や整備もやってくれる。二輪車の販売店や部品店、そして修理店が集まるマーケット街があり、スーパーカブの新車と中古車を取りまぜて掘っ建て小屋のような店頭に並べている。新参者にはどれが売り物なのかわからない。部品店では新品と中古がごちゃまぜで売られていた。ホーチミン市のスーパーカブは、そのほとんどがバックミラーを取り外していた。ひっかかり事故の原因になるという理由なのだが、いらないはずのバックミラーも大量に売られていた。

ベトナムの人びとは、すべての二輪車を「ホンダ」と呼ぶ。自然発生した総称なのである。ホンダではない他社のカブ・タイプを手に入れた場合、ホンダのロゴマークがついたシートに交換して「ホンダ」にしてしまう。ベトナムにおいて「ホンダ」は生活必需品である以上に、全国民的な愛好の対象なのだろう。この国を走っているスーパーカブはホンダのスーパーカブではなく、ベトナムの人びとの「ホンダ」なのだと考えざるをえない。

荷物を満載しているスーパーカブはそれほど多くないが、ときおり目にした。夫婦ふたりが子供を間にはさんだ三人ないし四人乗りは、わりとよく見かけた。多人数乗りは、自転車に子供ふたりを乗せて三人乗りで走っている日本から来た者にとって、驚くような不思議な光景ではない。アジア人というのは同じようなことをするものだと思った。

不思議だったのは、スーパーカブだらけのベトナムで、ホンダが製造販売をしていないことであった。

ホンダの正史[※12]によれば、このとき一九九五年に「ベトナムでの二輪車生産合弁契約に調印」とあり、翌九六年に「二輪車生産販売合弁会社、ホンダ・ベトナム（HVN）設立」し、「ベトナムのHVNで二輪車の生産開始」は九七年であった。

しかし一九九五年のベトナムは、すでにスーパーカブ・パラダイスだった。すべての二輪車をホンダと呼ぶ国になっていた。ホンダが製造販売していないのに、これはどうしてなのだろうと思った。

だが、調べれば調べるほど、不思議でも謎でもないことがわかってきた。一三〇年間も民族独立戦争を続け祖国統一をなしとげた、文字どおり激動の近現代史をたどったベトナムで、なるべくしてなった結果だと思った。ただし、あらためて驚いたことがあった。それはベトナムの人びとの生活意識とスーパーカブの実用的魅力が、現代史のなかで結びついてしまうと、国境はもちろん、厳しい国際政治の壁すらも、スーパーカブがいともたやすく飛びこえて、ベトナムの人びとの生活に浸透していったという現実であった。

ベトナムにおけるスーパーカブの歴史は、ベトナムの人びとと「ホンダ」がおりなした、スーパーカブ・パラダイスの物語だった。

戦火のサイゴンでスーパーカブを売る

ホンダがスーパーカブを最初に南ベトナムで売ったのは、一九六七年（昭和四二年）の年初であった。南ベトナムとは、サイゴン（現ホーチミン）を首都とする一九七五年まで存在したベトナム共和国のことである。当時のベトナムは南北の分断国家で、北ベトナムはハノイを首都とするベトナム民主共和国だった。東西冷戦構造の時代で、南ベトナムは資本主義国家であり、北ベトナムは社会主義国家であった。

その当時のことを知っている人を探して、ようやく田中清二に出会えた。

ホンダの南ベトナム駐在員事務所の初代所長であった人物である。八五歳になっていた田中は矍鑠（かくしゃく）とした紳士で、東京神田神保町生まれの見事な江戸弁を使った。大学卒業後の一九五八年に、日本の大手商社に就職してアメリカ・ロスアンジェルスに八年間駐在した。当時は海外渡航が自由化されておらず、日本政府の許可をうけた海外渡航者は年間たった一〇万人という時代だった。田中はアメリカのみならず中米、南米を飛びまわり石油、鉄鉱石、オパールなどを買いつけた。帰国後の六六年に転職を決意してホンダに入社している。中途入社の同期は約五〇人いたという。急成長で人手不足のホンダは即戦力の人材を集めていたからである。

アメリカ駐在のキャリアを買われて、海外営業東南アジア課に配属された。翌年になると南ベトナムへの駐在を命じられた。田中はこう言っている。

「一九六七年の二月に、サイゴンに駐在しろという業務命令をもらいました。南ベトナムのインポーターから二万台のスーパーカブを買いたいというオーダーが入り、とりあえず輸出したけれど、ホンダとはおつきあいがない国なので事情がわからない。アフターサービスをする必要もあるから、とにかく現地へ行って調査し、営業活動をしろという業務でした」

単身赴任になった。当時はベトナム戦争の時代である。南北ベトナム間の国内戦争だったが、アメリカが同盟国をひきつれて南ベトナム政府に加担し軍事介入してから泥沼化した。北ベトナムはソ連や中国などから支援をうけていたので、東西冷戦構造の代理局地戦争でもあった。南ベトナム政府をアメリカの傀儡(かいらい)政府だとする南ベトナムの人びとは、解放民族戦線を結成して決起した。解放民族戦線は農村部でゲリラ戦争を展開するだけではなく、南ベトナムの首都サイゴンにおいても都市ゲリラ活動をおこなった。南ベトナム政府は民族解放線戦の活動を犯罪として取り締まり、サイゴンでは公開処刑までおこなっていた。サイゴンは目には見えない戦場だったのである。このサイゴンに駐在するならば、それは単身赴任以外に考えられなかった。

サイゴンに赴任した田中清二が、当面の宿泊所としていた大型高級ホテルの上層階に小型迫撃弾が撃ち込まれ、日本の新聞記者が死亡するという事件がおきた。ただし、これは民族解放戦線のゲリラ攻撃であったのか、南ベトナム政府の自作自演の権謀術数であったのかはわからない。サイゴンは陰謀事件と都市ゲリラがうずまく熱帯の首都であった。

「戦争によって私自身の身体生命が直接に脅かされることはありませんでしたが、心の奥底でいつも緊張していました。私は懇意にしたレストランのベトナム人オーナーから、いつどこで事件が起こるかという事前情報をそれとなく伝えられていたので、自分の身を守ることができました。それにもましてサイゴンでの仕事は、ゼロから市場を開拓していく仕事だったので面白く、夢中になってやっていました」と田中は言っている。通訳を雇って駐在員事務所を開くと、古いアメリカ車を買って運転手を雇う。自宅にする一軒家を借りるとハウスキーパーを雇った。

二万台のスーパーカブを輸入したのは、グエン・タイという華人経営の貿易商社だった。アメリカ政府は南ベトナム政府にさまざまな経済援助をしており、そのなかにはベトナムの人びとの生活向上を目的とした民政予算があった。グエン・タイは、南ベトナム政府の経済省にコネクションを持っていたので、その民政予算の一部を引き出すことに成功し、二万台のスーパーカブを買いつけて、一般のベトナムの人びと向けに販売した。戦争によって安定した税収を確保できなくなった南ベトナム政府が、輸入を大幅に拡大し、輸入税を徴収する政策をとってインポートライセンスの許可を緩和したという背景があった。グエン・タイがなぜスーパーカブに目をつけたのかは、わからなかった。おそらくはアメリカでのスーパーカブ人気を聞きつけたか、タイやマレーシアで販売していたスーパーカブの評判を知っていたからだろうと思われた。

しかし、四月にサイゴン入りした田中清二が見たのは、ことごとくエンジン不調を起こして本来の性能を発揮していないスーパーカブの姿であった。白煙を吐き出して走っているし、エンジン故障で動かなくなっているのだった。丈夫で故障知らずのスーパーカブに何がおこったのか。エンジン不調の原因はすぐに判明した。本来、2（ツー）ストロークエンジンに用いる、ガソリンに潤滑油を混ぜた混合油を、4（フォー）ストロークエンジンのスーパーカブに使っていたのである。

長くフランスの植民地にされていたベトナムには、フランス製はもちろん、さまざまな種類のヨーロッパ製オートバイやスクーター、モペッドが輸入されていた。それらのエンジンはたいてい混合油を使う2ストロークだったので、スーパーカブにも混合油を入れてしまうカスタマーが多く、エンジン不調が引きおこされていた。このトラブルを放置したら、スーパーカブが売れなくなるばかりか、コンシューマーに偏見を持たれてしまう。これからホンダのオートバイ製品を大いに売ろうという田中は最初から大ピンチに見舞われた。

田中はグエン・タイにはたらきかけ、ただちに緊急対策をとることにした。日本からホンダのサービス技術者を呼び寄せ、グエン・タイが卸した二輪車販売店へ派遣し、不調になったエンジンを点検整備し、故障したエンジンは分解修理した。日本から呼び寄せるサービス技術者は出張者であり長期であっても二週間が限度だったので、一陣あたり五名から一〇名のできるかぎりの大人数にしてもらい、二万台の点検がすべて終わるまでたえまなく続けた。とにかく一刻も早く解決しなければならなかった。手遅れになると悪評が広まって偏見になってしまう。偏見を正すのは、おそろしく手間と時間がかかる仕事になるのは、わかっていた。

一方、コンシューマーに4ストロークエンジンの使い方を早急に告知しなければならない。これもまた一刻をあらそう仕事であった。当時のサイゴンには大小とりまぜ一〇紙ほどの新聞があり、すべての新聞に折込広告を毎日のように入れた。スーパーカブの写真は小さく、エンジンの写真を大きく使ったこの広告には、スーパーカブの4ストロークエンジンの燃料には混合油を使わずガソリンだけを使用し、潤滑油には定期的な交換が必要であることを丁寧に告知した。もちろん4ストロークの高性能なところや燃費がいいところ、排出ガスが2ストロークよりもクリーンであることなどをアピールし、ホンダのロゴマークを印象づけることも忘れなかった。

こうしてエンジン不調の大ピンチを素早く収束させると、次はいよいよ南ベトナムにおける販売体制の構築をはじめた。その年の九月から販売開始する計画をたてた。

販売代理店をベトナム人経営、華人経営、日本の貿易商社経営の三社にして、それぞれが切磋琢磨して販売店網を広げる戦略をとった。華人の代理店経営者は華人の金融業者に頼んでローン制度をこしらえた。審査が厳しく安い金利ではなかったので、現金購入のカスタマーが大半を占めた。

工業製品の販売はアフターサービスの体制が充実していないと持続しないので、日本のホンダからサービス技術者を駐在させ、販売代理店や販売店にきめ細かい技術指導をおこなうことにした。部品の在庫もぬかりなく積み上げていった。宣伝広告は新聞の折込広告を継続した。各新聞社に折込広告を大量に入れていたので、すっかり新聞社とは仲がよくなり、新型車や改良型を発売するときなどにパブリシティ記事を書いてくれるようになった。

この一九六七年九月からの半期で、ベトナム駐在員事務所が輸入したオートバイ製品は五機種におよんだ。田中清二が手元に残している記録によれば、スーパーカブC50が一万一八〇〇台、スクランブラータイプのベンリィCL50が一万三八〇〇台、スポーツタイプのベンリィSS50が二万一九〇〇台、実用車のベンリィCD50が一〇〇〇台、モペッドのリトルホンダP25が四〇〇台で、合計四万八九〇〇台だった。すべて五〇ccの小型オートバイに絞り込んだ。月平均八一五〇台は、初年度半期において、まずまずの輸入実績であった。

スクランブラータイプとスポーツタイプが、スーパーカブよりも台数が多いのは田中の判断である。ホンダのスポーツイメージを一気に向上させるために、若者たちの憧れであるスポーツタイプの台数をいちばん多くした。ベトナムには膨大な数の米軍兵士が派遣されていたので、アメリカで好評をえていたスクランブラーやスポーツを若い米兵が購入するだろうと考えたからだ。サイゴンの町を一歩出れば泥道ばかりなので、オフロードの走破性がいいスクランブラーの人気が出るだろうという読みもあった。

実際に田中の目論見は当たり、売れ残りを気にすることがないほどにホンダの小型オートバイはよく売れた。しかしカスタマーは圧倒的にベトナムの人びとが多かった。ベトナムのコンシューマーは廉価で耐久性のある便利な小型オートバイの登場を待っていたようだった。それまでヨーロッパから新車と中古とりまぜてスクーターやモペッドが細々と輸入されていた。ベトナムの人びとはスクーターを高級二輪車と考えていて、庶民的なのはモペッドか自転車だった。ホンダの小型オートバイは、スクーターとモペッドの中間をうめるポジションにぴたりとはまった。なにしろ故障が少なく、たいていの場合エンジンは一発でかかった。この高品質がベトナムの人びとの小型二輪車のイメージを変えたと、田中は言っている。

「熱帯のサイゴンのサラリーマンにはシエスタの習慣が根づいていました。昼になると家へ帰ってランチをとって昼寝する三時間ぐらいの休み時間です。ですから一日に二度、家と会社を往復する。そういう庶民の足は自動二輪車か、自転車、バスや人力三輪車タクシーのシクロでした。ところがホンダの小型オートバイは廉価で手間がかからない。2ストロークエンジン車より静かに走ること

リトルホンダP25（1966年）

自転車と同様の足こぎペダルを装備したモペッド。1.2馬力の4ストローク49ccエンジンと駆動ユニットを後輪に組み込んだコンパクトな構造が特徴で、始動時だけでなくペダルだけでの走行も可能だった。

ベンリィ CL50
（1967年・写真は1968年のモデル）

軽快に野山を駆けるためのオフロードモデルを、当時は「スクランブラー」と呼んだ。CL50は、ベンリィのスクランブラーモデルで、地面との干渉を避けるためのアップマフラーはその象徴。Tボーンフレーム装備。

ベンリィ SS50（1967年）

クラス初となる5段変速トランスミッションを搭載した当時のスーパースポーツモデル。49ccの空冷4ストロークOHC2バルブ単気筒エンジンは1万1,000回転で6馬力を叩き出し、その最高速は95km/hにも達した。

ベンリィ CD50
（1968年・写真は1970年のモデル）

新たなビジネスバイクとして開発されたモデルで、カブとは異なるスポーティーなシルエットが特徴。低中速を重視した出力特性や、アップハンドルがもたらすゆったりとした乗車姿勢、大型の前後フェンダーなど、商用車としての扱いやすさも考慮されている。

も人気を呼びました。シエスタの生活習慣が小型オートバイの需要をつくり出していたのです」

実際に販売してみると、スーパーカブの人気が高かった。あっという間に在庫がはけて、品不足になった。ベトナムの人びとが、やわらかい乗り味のスーパーカブを好んだのが大きな理由だろうが、スーパーカブがお買い得価格であったことも理由のひとつだ。

スーパーカブC50の小売価格は七万三三〇〇ピアストル（当時のベトナム通貨）で、スクランブラーのCL50とスポーツのSS50と実用車のCD50が同じ値段で八万二〇〇ピアストルである。市井の価値では一米ドルが二五〇ピアストルだったので、スーパーカブは二九三ドルになる。これは当時のアメリカにおけるスーパーカブの価格とほぼ同じだ。

スーパーカブの人気の高さに気がついた田中は、六八年二月からの半期に三万七〇〇〇台のスーパーカブを輸入した。前半期の三倍以上という大量オーダーであった。その半期で田中がベトナムに輸入したオートバイは合計七万五二〇〇台だったので、約半分がスーパーカブである。

この頃の田中の愉快な思い出は、ひとつの笑い話が象徴している。

「日本の本社に、たとえば一度にスーパーカブ一万台をオーダーするのです。当時はメールもファックスもありませんからテレックスです。すると本社から数字が一桁ちがうのではないかとの質問が返ってくる。そんなに売れるわけがないと思っているのです。しかし、いくらなんでも数字を一桁まちがえるようなことを私はしません。まちがったら在庫過多で困るのは私ですからね。まちがっていません、一万台です、と返信するのが常でした」

田中はここがビジネスの勝負どころだと、宣伝広告とアフターサービスを充実させた。アメリカで評判をとった「ナイセストピープル」のキャンペーン広告をベトナムでもやった。ベトナムの民族衣装アオザイを着た女性が楽しそうにスーパーカブに乗っているイラストを使った。

ベトナム版「ナイセストピープル」キャンペーンを展開しつつ、田中はサイゴンで安全運転普及本部の活動をはじめている。日本のホンダから指導員を呼び寄せ安全な運転を講習するイベントを定期的に開催した。ようするに日本でホンダがやっている活動を、すべてベトナムでやろうとした。日本の他社メーカーが南ベトナム市場へ参入してきたので、ホンダならではの活動を強化して、他社とのちがいを強調したかった。

「ナイセストピープル」キャンペーンは、大きな効果を生み出した。次の半期、一九六八年九月から翌年二月までに、ベトナムに二〇万八七〇〇台のホンダの二輪車が輸入された。一年前の最初の半期輸入台数の四・三倍、前期比二・八倍である。このうちスーパーカブの台数は一一万三三〇〇台であり、まさに一桁上がった。最初の半期輸入台数の九・六倍、前期比は三倍である。この時点でサイゴンに輸入されたスーパーカブは一六万台以上になった。ホンダのオートバイ全体では約三三万三〇〇〇台だった。当時のサイゴン市の人口は三五〇万人ほどである。

しかし田中清二の南ベトナムにおけるビジネス活動は、終焉へ向かわざるをえなかった。サイゴンを首都とする南ベトナム政府とそれに加担するアメリカ軍は、南ベトナム解放民族戦線と北ベトナム政府に追い詰められ、敗北は時間の問題になっていた。アメリカ軍の撤退がはじまる。最大で五四万人の兵士を派遣していた世界最強のアメリカ軍が敗北するのであった。民族解放と祖国統一を旗印に戦ったベトナムの人びとの勇気と団結力と意志の強さは底知れないものがある。

一九六九年になるとサイゴンのアメリカ大使館が解放民族戦線のゲリラ部隊に攻撃された。以後サイゴンでは大規模な都市ゲリラ戦が何度もおきる。

もはやサイゴンはモビリティ・ビジネスができるような町ではなかった。インポートライセンスの許可も大幅に減っていた。六九年の前半期に輸入されたスーパーカブは一万一七〇〇台に減り、七〇年二月までの下半期になると、たったの六六〇〇台になった。

一九七〇年の秋に田中清二はサイゴンを離れた。三年半という短いサイゴン駐在員事務所でのビジネス活動だったが、オートバイのみならずN360などの軽自動車や農業機械、汎用エンジンなど、田中が販売したホンダ製品は七五万台におよんだ。そのうちオートバイは三六万八九〇〇台で、スーパーカブは一八万四〇〇〇台であった。田中清二のささやかな自賛は「アメリカでスーパーカブの売上が落ちているときに、ベトナムでよく売ってくれたと褒められた」ことである。ホンダのサイゴン駐在員事務所が閉鎖された。

一九六七年に最初に輸入された二万台をプラスすると、七〇年までに合計二〇万四〇〇〇台のスーパーカブがベトナムに輸入された。この二〇万台あまりのスーパーカブが、ベトナムにおけるスーパーカブ神話を生むことになる。

すぐれた耐久性が生んだベトナムの神話

一九七〇年代のベトナムは、まだ激しい歴史のうねりのなかにいた。七三年のベトナム和平パリ協定で停戦合意などを実現したものの南北ベトナムの対立は続き、七五年にサイゴンの南ベトナム政府が崩壊してベトナム戦争は北ベトナムと民族解放戦線の勝利で終結する。七六年には祖国統一をはたしてベトナム社会主義共和国になった。しかし国内戦争は終わったが、七八年にはカンボジアとの柬越戦争が勃発し、中国との中越戦争へとつながっていった。

アメリカとの関係はこじれ続け、ベトナム戦争終結と同時にアメリカの商務省が、臨時革命政府が政権をとった南ベトナムを全面輸出禁止国に指定し、祖国統一後はベトナム社会主義共和国全体に指定を広げて、エンバーゴの時代がはじまる。この場合のエンバーゴとは、経済封鎖と訳される輸出や資本などの取引を禁止する経済制裁措置のことだ。

実はホンダは、一九七三年のベトナム和平パリ協定にともなって、南ベトナムで現地製造をするために組立工場建設を計画している。南ベトナム政府の首都機能を失いつつあったサイゴンで、突然発生するゲリラ戦から身を守るために逃げ出すときなど、スーパーカブは大いに役立っていた。故障知らずで一発でエンジンがかかる信頼できるモビリティなのだから、サイゴンにおける需要は低下するどころか上昇していたらしい。しかし工場予定地周辺でも戦闘が続くようになり、この現地工場建設計画は中止された。

日本政府は一九七五年にベトナムに大使館を設置したが、アメリカの経済制裁措置を支持したので、日本のおもだった企業は七五年を期してベトナムとの交易をひかえた。したがってホンダもまたベトナムとの通商をやめている。スーパーカブにひきつけて書けば、完成車とその部品のベトナム輸出は七五年まで細々と続いていたようだが、エンバーゴの時代になってからは止まった。

このエンバーゴの時代に、新車も部品も輸入されないベトナムで、スーパーカブ神話が生まれた。スーパーカブの開発要件として、抜群の信頼耐久性があったことは、すでに何度も書いてきたが、その持って生まれた性能をいかんなく発揮したからである。ようするに驚くほど壊れにくかった。

壊れにくい工業製品が、どれほどありがたいか、工業製品に囲まれて生活している者であればあるほど理解できるはずだ。これはいいものを買ったなと誰しも思う。やがて素晴らしいものだと惚れた気持ちになり、さらには設計者や製造者への尊敬が生まれ、製品のブランドを愛してしまうことになる。冷蔵庫の故障で人は死なないと思うが、モビリティは命がかかっているから、その愛はなおさら深くなる。ベトナムで誕生したスーパーカブ神話とは、まさにそういうことであった。すべての二輪車をブランドにかかわらず「ホンダ」と呼ぶようになる、スーパーカブ神話である。

スーパーカブの耐久性能の高さは、日本でスーパーカブを手がける市井の販売店の人たちからよく聞く挿話である。何年も潤滑油を交換もしなければ補充もしなかったスーパーカブのエンジンが調子よく回転していたというのは都市伝説ではないと彼らは口々に言っていた。ホンダでスーパーカブのエンジンを壊すための実験をやったというエピソードは、ホンダの第六代社長であった福井威夫から聞いたことがある。エンジンの専門家が、壊すための実験をやったという話だ。通常使用では考えられない過酷な条件の実験を繰り返しても、いっこうに壊れず、凄まじいオーバーヒートを想定した実験でようやく樹脂製のオイルフィラーキャップが溶けてオイルを吹き出して焼きついたという。スーパーカブの初期型エンジンは、オイルフィラーキャップがアルミ製だったので、初期型エンジンであれば壊すための実験は延々と続いたであろうという話であった。

もちろん、絶対に壊れない工業製品は、この世にはない。工業製品とは、壊れたら修理するか、故障を機会に新しいものに買い替えるか、どちらかである。新車のスーパーカブが買えない国となったベトナムでは、修理するしか方法がなかった。そこで壊れにくく修理しやすいというスーパーカブの持って生まれた性能が存分に発揮された。修理しやすい機構にするのは、スーパーカブ開発要件のひとつであったことを思い出してほしい。

新品の部品が手に入らないベトナムで修理ができたのは、中古部品を徹底的に大切にして流通させていたことと、簡単な部品ならばベトナム国内の小さな工場で製造できたからである。

この章の冒頭で一九九五年のホーチミン市の二輪車マーケットをスケッチしているが、そこに集中していた多くの部品販売店では、ありとあらゆるスーパーカブの中古部品が山のように売られていた。フロントフェンダーやレッグシールドなどのプラスチック部品の修理店もあって、割れた部品をハンダゴテのようなもので熱を入れてつなぎあわせ、表面を磨き上げて、新品かと思えるほどに仕上がりよく修理していた。この二輪車マーケットに売っている部品を買い集めれば、一台のスーパーカブをエンジンからなにからなにまで組み上げることが可能だと思えるほどの、大量で充実した品ぞろえだった。

こうしてエンバーゴ時代のベトナムで、スーパーカブ神話が生まれた。貴重な生活必需品になったスーパーカブの取り合いが殺人事件に発展したという噂話をベトナムで聞いたことがある。事実かどうかたしかめることはできなかったが、そのような噂話がまことしやかに伝わるぐらい、スーパーカブは貴重な生活必需品であった。

エンバーゴの終焉とドイモイ政策

さて、エンバーゴの時代に、ベトナムへスーパーカブの新車や中古車、あるいはその部品が、いっさい流れ込んでいなかったのかといえば、はたしてそれは疑問である。

エンバーゴは東西冷戦構造の世界における西側からの経済制裁措置であったから、資本主義陣営の国ぐにと交易できなかったといわれるが、ゼロではなかった。西側の国にもベトナムとの友好親善を促進しようとする人たちがいて、わずかながら交易があった。また、エンバーゴ時代のベトナムは、カンボジアと戦争し、中国とも戦争をするので、国境を接する周辺諸国とも関係が悪化している。ベトナムが国際的に孤立していた時代だが、それは国際政治の話であって、人と人のまじわりまで断絶されていたわけではない。

スーパーカブは流入していた。外国在住のベトナムの人たちは、ギフトと称して、ベトナムの家族や親戚にスーパーカブを贈るならわしがあった。たとえそれがアメリカ在住のベトナムの人からでも、ベトナム政府は支援物資として認めていた。このギフトのスーパーカブは多いときで年間二万台におよんだという。

エンバーゴのオフィシャルな解除は、第一次の部分解除が一九九二年で、全面解除は九五年になった。日本政府のベトナムへのＯＤＡ（政府開発援助）再開が九二年で、ベトナムのASEAN（東南アジア諸国連合）加入が九五年である。したがって公式の年表にはエンバーゴの時代は七五年から九五年までの二〇年間と記録される。慎重な活動をする日本企業が、九五年を期してベトナムに進出するのは、そのためである。

しかし、ビジネスをする人たちのエネルギーは、戦争だろうが東西冷戦構造だろうが、そこにビジネスチャンスがあれば、真正面からチャンスを求め、また隙を突き、裏をかき、法の目をかいくぐる。ビジネスには、そのような本能的な自由奔放さがあるものだ。ベトナムで神話が生まれるほどにスーパーカブの需要が高まっているのなら、それこそがビジネスチャンスだと狙いを定めていた実業家がいたと考える方が自然である。

エンバーゴ解除の前にビジネスチャンスがなかったかといえば、あったのである。一九八六年にベトナム政府は、市場経済の導入と国際社会との協調を柱にした、刷新を意味するドイモイ政策を打ち出す。社会主義国家建設を堅持しながらの経済政策の転換であった。ドイモイは市場開放を促進する政策であったから、近隣諸国から工業製品がどっと流れ込む。当然のことながらスーパーカブも大量に輸入するようになった。実はホンダもドイモイ政策に応じて、ベトナムに現地組立工場設立を計画し操業直前まで推進しているが、アメリカの上院議員から抗議をうけるなど国際政治経済環境の悪化を懸念せざるをえず、操業を断念している。

ドイモイ政策実施以降、ベトナムに流れ込んだスーパーカブは、隣国ラオスにタイの華人実業家が設立したインポーターからタイ製スーパーカブと日本製スーパーカブ、ホンダと技術提携していた台湾と韓国のメーカーからのスーパーカブだった。もちろん新車も中古車もあったが、完成車輸入の関税は六〇%もかけられたので、それぞれの輸出国における販売価格より高額でベトナムで取引された。スーパーカブは高額製品になったが、それでも飛ぶように売れた。

スーパーカブの売り手としては、販売価格が下がれば、もっと売れると考える。販売価格を下げるための手っ取り早い方法は、部品をベトナムへ輸出して現地組立することである。ベトナム政府としてもスーパーカブの組立工場が、ベトナム国営企業との合弁で設立できれば、部品の現地調達率が上がるので、自国工業化を推進する手立てになる。ベトナム政府は輸入を規制して現地生産を奨励するようになった。

ラオスからスーパーカブを輸出していたタイの華人実業家は、ベトナム政府の輸入規制をうけて一九八九年あたりから部品輸出をして自社のベトナム現地工場組立に移行していたが、ベトナム政府との交渉に成功して、一九九〇年にノックダウン現地組立の合弁会社をベトナムに設立した。台湾や韓国のメーカーも同様であった。

こうしてベトナムにおける第一次スーパーカブ・パラダイスの幕が開くのである。一九九六年の数字で見ると、ベトナムの二輪車保有台数は四二〇万台で、そのうち八〇%がスーパーカブだったそうだから、およそ三三〇万台がスーパーカブということになる。同じく九六年の新規登録車は、現地生産の新車が二二万台で、輸入中古車が二五万台の合計四七万台である。

これらのデータで単純計算すると、一九七〇年の時点で二〇万台強であったスーパーカブは、八六年のドイモイ政策開始から九六年までの一〇年間で三一〇万台も増えたことになる。たしかに九六年の一年間で四七万台も増えているのだから、一〇年間で三一〇万台増えたのは事実と考えていいはずだ。当時のベトナムの人口は七五六〇万人だから、二三人に一人の割合でスーパーカブ・カスタマーがいるという計算になる。

一九九六年当時のベトナムにおける現地組立のスーパーカブの平均的な価格は二〇〇〇米ドルだった。国民の平均年収が二五〇米ドルと発表されている国にしては、かなり高価なモビリティである。それでも売れたのはスーパーカブのある生活がスタンダードになっていたからだろうが、財産価値が高かったという理由も大きい。二〇年落ちの中古車が七〇〇米ドルで売られていた。そのためにベトナムの人びとは、スーパーカブの目利きになるのであった。いちばん人気のスーパーカブは、日本製である。日本製は五〇ccと七〇ccが多かったが、それが中古車でも、日本製ならば高値で取り引きされた。その次がもっともポピュラーであったタイ製の一〇〇ccスーパーカブだ。三番人気あたりにようやくベトナムで現地生産されたスーパーカブがくる。これはタイ製と同じスペックなのだが人気がなかった。ベトナムの人びとには歴史的存在という価値基準があるようだ。日本製は三八年前からあり、タイ製は三〇年ほどだ。ベトナム製はまだ一〇年もすぎていないということなのだろう。こういう堅実な考え方をする生真面目な人柄のベトナムの人びとに、利便性が高く壊れにくく燃費がいいスーパーカブがぴたりとハマってしまった。これが第一次スーパーカブ・パラダイスの時代、一九八六年から九六年にかけてのベトナムであった。

スーパーカブ・パラダイスの限界

すでに書いたが、ホンダがベトナムに合弁会社を設立して、二輪車の製造販売を開始したのは一九九七年である。ベトナムの国営企業である農業機械メーカーとの合弁で、それはホンダの技術を吸収することと利益をわけあうことが目的であった。民族独立戦争の時代が長かったベトナムは、第二次産業の基盤が弱かったからである。地に足ついた産業力の育成が急務であった。この九七年にベトナム政府は完成車の輸入を禁止している。

ベトナム・ホンダは、スーパードリームと名づけられたオーソドックスなシルエットだけれど、ベトナムの人びとが好む仕様にした七〇ccスーパーカブの製造販売を開始した。

しかし不可思議な状況に直面する。ベトナム製のスーパードリームは順調に販売実績を重ねていったが、いつまでたっても日本製とタイ製のスーパーカブ人気がおとろえないのである。輸入製品にたいする憧れが強いのか、元祖とか本家といった歴史を重んじるのか、さまざまなマーケティング分析がおこなわれた結果、スーパーカブ・パラダイスの新時代を切り拓く新しいスーパーカブ製品がないのでベトナム製の人気が上がらないという結論に達した。

そこでベトナム・ホンダは、独自モデルのフューチャーを開発して製造販売することになる。一九九九年のことであった。スーパーカブだからステップスルーとレッグシールドのシルエットには変わりがなかったが、フロントまわりはボリュームのあるフューチャーのネーミングにふさわしい未来的なデザインになり、全体のデザインは若々しいイメージで仕上げられた。スーパーカブを知り尽くしているベトナムのコンシューマーに新鮮な刺激をあたえるために、乗り味もスーパーカブの進化系をめざした。ワンランク上の洗練されたコンフォートな乗り味をもたせ、ブレーキの制動力を上げるためにフロントにディスクブレーキを採用するところまで性能を向上させた。

Photo : Hideaki Togashi

スーパードリーム(1998年)

マレーシアのEX-5、タイのドリーム100に相当する東南アジア・スタンダードのベトナム版。ふたり乗りシートやフロントバスケット付の質実剛健モデル。

フューチャー(2000年)

東南アジアでスーパーカブは、スタイリッシュなデザインへと変身していく。ベトナムでは1999年から独自モデルのフューチャーが発売されて、人気を集めた。エアロダイナミクスを感じさせるデザインながら、経済性や耐久性、扱いやすさはこれまでどおり。

スーパーカブはアメリカでもヨーロッパでもタイでも、その国や地域の庶民が好む生活的なモデルに姿を変えるが、ベトナムでも同様であった。スーパーカブの目利きが多いベトナムでは、上質化方向への変身になった。デザインや走り味だけではなく、電着塗装でボディカラーに深みと耐久性をもたせ、マフラーのメッキを厚くして質感を上げるとともに錆びにくくするなど、ベトナムの人びとが魅力を感じる質実剛健性を高めた。

スーパードリームとフューチャーは一一〇〇米ドルから一八〇〇米ドルの値づけで、それはベトナム人の平均年収より、やや安いか、わずかに高い価格だったが、人気は上々だった。目利きの間では相変わらず日本製やタイ製の人気が根強かったが、新しい若年層のカスタマーを獲得したからである。その頃のベトナムの二輪車年間販売台数は四〇万台ほどであり、その八〇%のシェアをホンダのスーパーカブが占める販売好調な年もあった。

ところが、この第二次スーパーカブ・パラダイスに騒動が勃発するのである。二〇〇〇年になると年間の販売台数が一〇七万台に跳ね上がった。前年比約二・七倍である。爆発的な増加であった。この爆発的増加には、長期的展開を貫徹しているドイモイ政策の粘り強い努力で経済力をつけてきたという背景があった。ベトナムの経済は、一九九七年のアジア通貨危機で一時期は落ち込んだものの回復力は強く、ふたたび安定成長へと持ち込んでいく底力を獲得していた。

この好景気を背景にした年間販売台数の激増の要因は、複数の中国メーカーが製造販売するスーパーカブそっくりのカブ・タイプが大量に流れ込んだことである。中国メーカーのカブ・タイプは、素人目にはホンダのスーパーカブと見分けがつかないほど巧妙にコピーされていて、一定程度以上の技術力がなければ、ここまでコピーできないだろうと思わせる仕上がりだった。しかも安かった。六〇〇米ドル程度の値段だったのである。ホンダ・スーパードリームの二分の一という、猛烈な安価であった。

ベトナムのコンシューマーは、この価格破壊に衝撃をうけた。平均年収程度の価格のスーパーカブとそっくりのモデルが年収の約半分で買えるのである。カブ・タイプは凄まじい勢いで売れた。二〇〇〇年の年間販売台数一〇七万台のうち八七万台がこのカブ・タイプだった。中国メーカーのカブ・タイプは短時間で絶大な人気を獲得したのである。

ホンダはシェアを二〇％以下に落とし、販売台数も一〇万台以上の激減となった。シェアと台数にこだわることによって利益を稼ぎ出すビジネス・スタイルをとるホンダにとって一大事であった。当時のアジアを担当する二輪車生産の幹部は「屈辱的な事件」とさえ言った。

ホンダの反転攻勢がはじまる。カブ・タイプの弱点は信頼耐久性に欠けるところであった。ホンダのスーパーカブとくらべて、はるかに故障しやすかった。ところがベトナムには、スーパーカブの中古部品店はいくらでもあるし、修理店も多い。手軽に修理できるのである。しかし、質実剛健を旨としスーパーカブの信頼耐久性を愛するベトナムのカスタマーが、壊れやすい製品を、いままでのスーパーカブのように愛好することはできないだろう。財産性という点では、カブ・タイプは圧倒的に弱かった。リセールバリューがスーパーカブとはくらべものにならないことはあきらかだった。だが、そうしたスーパーカブの全魅力を、あらためてコンシューマーに訴求できるモデルを、ベトナム・ホンダは持っていなかった。

いままでにないお買い得の価格帯にあるスーパーカブをベトナムで開発することになった。開発、部品調達、生産技術などあらゆる分野のスペシャリスト三〇名からなるプロジェクトチームが日本のホンダからベトナムへ送り込まれた。製造コストを徹底的に削ぎ落とし、耐久性や燃費を落とさず、走り味のいい廉価なスーパーカブのニューモデルを開発するためである。

こうして二〇〇二年一月、ベトナム市場に登場するのがウェイブ・アルファであった。タイ製のウェイブをベースに開発したベトナム専用モデルである。販売価格は七四〇米ドルであった。ウェイブ・アルファはホンダ・ベトナムのシェア奪還の尖兵になりえた。六〇〇米ドルのカブ・タイプにたいして、品質と耐久性と乗り味のすべてが勝り、財産性は従来のホンダブランドそのままの価値があった。ウェイブ・アルファはじわじわと人気を拡大していった。ベトナムのコンシューマーは一時的な錯覚状態から脱したのである。結果的に四年後の二〇〇六年までにホンダはシェアを五〇％まで回復することができた。

しかしながら、このカブ・タイプ急増の騒動は、また別の大きな問題を引き起こしていた。カブ・タイプが急激に売れたために、ホンダがウェイブ・アルファを市場投入したのと同様の努力を、ベトナムで二輪車ビジネスをする他の日本の二輪車メーカーも当然のことながらおこなった。そのために苛烈な販売競争が展開され、ベトナムは年間二〇〇万台以上の二輪車市場になってしまったのである。三年前と比較して年間販売台数は五倍になった。二〇〇四年の時点で、ベトナムの二輪車保有台数は一三〇〇万台だったが、そのうち三〇％の三九〇万台が、二〇〇一年からの三年間で増加するという急激な量的拡大がおこってしまった。

この急激な量的拡大をベトナム政府は危機的状況として認識した。交通事故を増加させ、道路交通のさまざまなインフラストラクチャーの整備が追いつかない事態になったからである。法律の整備と実施、道路そのものの整備、大気汚染対策、ガソリンの安定供給などの課題が瞬間的に山積になってしまった。また、国内の二輪車部品産業が急激な量的拡大と製造コスト低減によって圧迫され、計画どおりに成長できなくなってしまう恐れもあった。この状況を解決するためには量的拡大のスピードを抑制して、山積となった課題を解決する時間を稼ぎ出さなければならない。二〇〇二年九月にベトナム政府は、年間一五〇万台の総量規制を開始した。さらに二〇〇三年からは各大都市での新車の登録を規制する。ベトナムで暮らす人びとの社会生活を安定させ、自国の産業を保護育成するベトナム政府としては当然の政策であった。しかし総量規制と新車登録規制によって、ベトナム・ホンダは工場の操業を二か月も停止して生産調整をおこなうという手痛い対応策をとらざるをえなかった。

モビリティが急激な量的拡大をすると、モータリゼーションがオーバーフローを引きおこすのだった。それはスピードのある経済発展をする国において避けられない段階的現実だ。スーパーカブのパラダイスは、二一世紀初頭において、ついに段階的な限界に達した。

しかし庶民のモビリティは増えることはあっても減りはしない。スーパーカブをおしたてたベトナム・ホンダは、操業開始一三年後の二〇一〇年には生産累計一〇〇〇万台をこえた。二〇一八年には二五〇〇万台を達成している。

ホンダ・ベトナムのデフォルト

二〇一八年七月にハノイに本社を置くベトナム・ホンダの取材が実現した。もちろんスーパーカブのパラダイスが、どのように変化したのかを知りたかったからである。

ベトナム・ホンダを公式に取材するのは、これで三度目であった。最初は一九九五年で、ベトナム・ホンダ設立の一年前だった。首都ハノイではなく、南の商都ホーチミン市にホンダは小さな駐在員事務所をかまえてベトナム・ホンダ設立の準備をしていた。それはホンダにとって二五年ぶりのベトナム駐在員事務所であった。ホンダの駐在員は一人だったと記憶している。すでに書いたが、当時のホーチミンは道路という道路にスーパーカブが群れをなして走っていた時代だ。

そのたった一人の駐在員は「これだけスーパーカブを愛好してくれるお客様がいる国は他にないです。いままではホンダが一台も走っていない国へ行って市場を開拓してきました。それがこれだけ多くのホンダが走っている国で仕事をはじめるのです。ベトナムのお客様の信頼と期待に応えることが最重要と考えています」と自分に言い聞かせるように緊張して話していた。

ベトナムの圧倒的なスーパーカブ人気は、ホンダが開拓したものではなかった。スーパーカブの商品力によって開拓された、いわば自然発生した巨大な市場だった。そのような市場に打って出るとき楽観できる者はいないだろう。

二度目にベトナム・ホンダを取材したのは、カブ・タイプ全盛の二〇〇二年であった。安価を武器にした薄利多売のカブ・タイプが、オリジナルモデルを殲滅しかねない状況を見ておきたいと思ったからだ。そのときのハノイの風景は、相変わらず大量のスーパーカブが走っていると見えるのだが、その大半がホンダのスーパーカブではないという、見るだけでは理解できない奇妙な市場であった。ホンダは品質と廉価で勝負するニューモデルを新開発して投入し、この苦境を脱して反転攻勢に成功するが、安価というだけでカブ・タイプが凄まじい強さを発揮していたのは現実だった。コンシューマーの市場はときとして、このような波乱がおきるのだとつくづく思った。

そしてたったいま二〇一八年のスーパーカブ・パラダイスである。現代建築の美しいビルディングに建て替えられていたハノイのノイバイ国際空港から市内へ向かうタクシーの車窓からの眺めは、四輪車の量が増えたという印象が強かった。一方で、相も変わらず二輪車が群れをなしている。しかし、噂に聞くとおり、スーパーカブは半分ぐらいだ。スクーターが多く、大型オートバイも少なくない。たしかにスーパーカブだらけの風景ではなくなっている。

ベトナム・ホンダの社長である桑原俊雄にインタビューすることができた。二〇一七年四月から社長をつとめる四八歳である。インドネシアでスーパーカブが年間三〇〇万台の大躍進をしているときに首都ジャカルタに駐在して二輪車の市場調査を担当し、その後はフィリピンで八年ちかく四輪車の営業を担当したアジア営業一筋の人物であった。

「ベトナム駐在の業務命令をいただいたとき、ベトナムに縁がなかった私の頭のなかに浮かんだイメージは、白いアオザイを着た女性がスーパーカブにすらっとした姿で背筋をぴんと伸ばして乗っているシーンでした。もちろんベトナムに着いたその日に、それは思い込みの勘違いだったと気がつきました。思い込んでいた自分が可笑しかった」

自分で自分を笑うことができる人であった。タフネスを感じさせるが、とてもさらりとした淡白な人柄だった。

しかし桑原の「白いアオザイを着た女性がスーパーカブに乗っている」というイメージは、実はベトナムのスーパーカブ市場を観察するためのピンホールだったのである。桑原はこう言っている。

「着任してすぐに、ベトナムのスーパーカブなど二輪車の市場を細かく調査観察したのです。そして、はっきりとした傾向をひとつ把握できました。女性の社会進出です。それまで駐在していたインドネシアやフィリピンは女性がスーパーカブに乗っているところを、あまり見なかったので気がつきませんでした。しかしベトナムでは白いアオザイ姿ではありませんでしたが、多くの女性が乗っていました。女性の社会進出が推進できている国は、スーパーカブの女性カスタマーが多くなるという傾向に気がついたのです。スーパーカブを企画開発したホンダの創業者たちは、女性が乗りたくなるような小型オートバイであることを開発要件のひとつにしていました。女性の社会進出を想定していたのです。それがベトナムで実現していました」

ベトナム・ホンダは製造と販売の両方を社務とし、ハノイ郊外に三つの工場を稼働させ年間二五〇万台の二輪車を製造している。近いうちに二七〇万台製造まで生産能力を上げる予定だ。四輪車製造は年間一万台程度で、従業員は二輪四輪あわせて一万人がはたらいている。日本のホンダからの駐在員は三〇名ほどだ。ホンダに納入する部品メーカーではたらく人たちは合計八万人いる。

二輪車部品の現地調達率はきわめて高く、全モデル平均で九五％程度であり、モデルによっては一〇〇％に近いという。この一〇年間で部品メーカーの成長はいちじるしく、ベトナムの工業化政策は前進している。国営の二輪四輪自動車メーカー設立が計画されているそうだ。

資本構成は、一九九六年の設立時にベトナム国営企業との合弁が義務づけられていたので、日本のホンダが四二％、ベトナム国営のトラクターや発電機などの農業機械メーカーが三〇％、アジア・ホンダが二八％である。

ベトナムの二輪車市場は二〇一七年で、年間販売台数およそ三三〇万台の規模だ。人口約九五〇〇万人で、大卒新入サラリーマンの月給が七〇〇米ドルから八〇〇米ドルとみられる市場では、やはり二輪車の人気は根強い。ホンダの市場占有率は高く、七五％前後で推移している。

さて、スーパーカブ・シリーズだが、ベトナム・ホンダで製造される年間二五〇万台のうち約四〇％である。スクーターが五〇％、その他のオートバイが一〇％なので、ベトナムにおいても、いちばん人気はスクーターという時代だ。

ベトナムではフランスの植民地時代から、スクーターを高級二輪車として憧れのモビリティとみる好みがあり、いまでは若者や女性はスーパーカブよりお洒落な二輪車とみている。二〇〇〇年あたりまでスーパーカブだらけの市場だったので、他人と同じスーパーカブに乗りたくないというコンシューマーが出現するのは人の世の必然である。スクーターの台頭は〇五年前後から顕著になり、一五年にスーパーカブと肩を並べ、一六年に逆転している。電動スクーターの登場によってスクーターが近未来的なモビリティのイメージをまとうようになったのも台頭した理由のひとつだろう。ホンダのスクーターは圧倒的な人気で、スクーター市場の九〇％を占める月があるという。

ただしスクーターは、スーパーカブにくらべると高額帯にある。女性に人気がある一〇〇ccのエントリーモデルのホンダ・ビジョンは一三二二米ドルで、男性に人気がある一二五ccのエアブレイドは一六七五米ドルからだ。一五〇ccクラスのPCXとSH150は三〇〇〇米ドルから四〇〇〇米ドルになる。最高級モデルのSH300になると最も高いグレードは一万九七九米ドルもする。このなかで特筆すべきなのはエアブレイドである。パワーユニットはスクーターそのものでオートマチックなのだが、跨って乗り左右のステップに足を置く。スクーターのようにフラットなフロアに両足をそろえて乗るモデルではない。レッグシールドを彷彿させるデザインのフロントカバーで、シルエットはスーパーカブに近く、初めて見る人ならばスーパーカブのニュータイプに見まちがう、スーパーカブ・パラダイスならではのスクーターだと思った。

スーパーカブ・シリーズの廉価はきわだっている。エントリーモデルのウェイブ・アルファ110は七八四米ドル、ワンクラス上のブレイドの高級モデルが九四八米ドル、スポーティーなウェイブRSX FIが一〇八〇米ドル、最高級モデルのフューチャーFIでも一三六九米ドルである。ベトナム・ホンダがスーパーカブ・シリーズの一機種に分類しているウィナー150という完全なスポーツモデルもある。水冷一五〇cc単気筒一四・七馬力のエンジン搭載で、アルミホイールにフロント・ディスクブレーキ装備のマニュアルクラッチで、二〇二八米ドルだ。このウィナー150は、市場ではスモールスポーツという新しいジャンルに分類されるモデルだが、さすがにベトナムのスーパーカブ・シリーズは充実していて、スクーターよりリーズナブルな価格帯にある。

だが、一世を風靡(ふうび)したスーパーカブ・シリーズの販売台数が落ちていることは事実だ。そのことを桑原俊雄はこう言っていた。

「スクーターが五割、スーパーカブ・シリーズが四割になりました。お客様の好みが多様化していますから、スーパーカブは三割台になるかもしれません。ざっくり言えばホンダの三台のうち一台がスーパーカブになるということです。しかし私がみるところでは、これ以上スーパーカブの販売台数が下がることはないと思います。ベトナムのお客様のスーパーカブにたいする気持ちは深くてあたたかくて格別です。お客様の人生と生活のパートナーになっています。また、大都会ではスクーターの人気が高まるでしょうが、小さな町や村に行けば、まだ道がわるいし、軽トラック代わりに二輪車に荷物を満載することもあります。そのような生活環境であれば、スーパーカブがいちばん利便性のいい二輪車だということを、ベトナムのお客様は知り尽くしています」

ガソリン価格が急騰したときスクーターを買いびかえるコンシューマーはいたが、スーパーカブは売上を落とさなかったという話をホーチミンで聞いていた。そのホーチミンでは二輪車販売店が集まるベンハン区を取材したが、後づけ部品やラッピングでスーパーカブをデコレーションする店が軒を並べて繁盛し、中古オートバイ店の店主は古くても人気がある型式のスーパーカブの売買がいちばん儲かるのだと言った。ベトナムには新車の市場だけではなく、スーパーカブマニアの市場があった。つまりスーパーカブが庶民的モータリゼーションとして多層多重に定着している。

ホンダの販売店網はベトナム全土で七八〇店舗ほどあるそうだが、ハノイの大手販売店でスーパーカブのカスタマーにインタビューすることができた。二〇代から七〇代までの老若男女一二人である。インタビューのメインテーマは「なぜ、スーパーカブを所有して乗るのか」だ。

四〇代の女性は、三〇年以上昔の古いスーパーカブに乗っていた。子供の頃から家にスーパーカブがあり、その型式が好きだった。大人になって仕事の足にスーパーカブを買いに行ったとき、子供のときに好きだった型式のスーパーカブが新車のまま売れ残って倉庫の片隅にあったそうである。もちろん、その場で買って、今日まで大切に乗っている。

七〇代の男性は、人生七台目のスーパーカブに乗っていた。盗まれたり買い替えたりして七台目になった。なぜ、スーパーカブなのかと質問すると、好きだからと答えた。どこが好きなのかと質問を重ねると、乗ると楽しいのだ、この楽しさを手放したくないと答えた。

これはカスタマーとスーパーカブの人生物語というものだと思った。もちろん販売店が気をきかせて日本から来た取材者にサービスをするために、スーパーカブが好きなカスタマーを選んでくれたのだろうが、一二人のカスタマーが語るスーパーカブの人生物語は、一二人なりの個性ある言葉で語られたので聞いていて気持ちがほっこりした。

ベトナムの人びとがスーパーカブを好きなのは、社会主義の国らしく平等性を尊び、それが横並び意識を生み、スーパーカブという共同体にいる安心感があるからだという心理学的分析がある。その分析に、ベトナムで二輪車を買うとき五%から一二%の低金利のローンが手軽に利用できるが、カスタマーの七〇%は現金購入をするという現実をくわえると、さらに分析が深まるかもしれない。二輪車ローンを利用しても早期返済をする堅実な人たちが多いそうだ。あるいは、信号が青に変わるとレースのスタートのように我先に飛び出して競走するシーンをベトナムでは見たことがないとベトナムに駐在するホンダの人たちは口をそろえる。群れをなして走る二輪車の流れに逆らって強

ベトナムで出会った
スーパーカブユーザー

引にすり抜けて走る者もいないという。このような人柄の国だからこそ、やわらかい走り味のスーパーカブのパラダイスになったという分析はおおよそ当たっていると思う。

さしあたってスーパーカブだらけのスーパーカブ・パラダイスは姿を変えて、三台に一台のスーパーカブ時代がはじまっているのだろう。その時代の次なる大波は、やはり環境問題である。ベトナムは現在ユーロ3の排出ガス規制の時代だが、すぐにユーロ4の時代がやってくる。そうなるとベトナムのスーパーカブ・シリーズの、キャブレター仕様のウェイブ・アルファ110とブレード110は、電子制御フューエルインジェクション仕様に変更されるだろう。それは製造コストを押し上げることにつながる。低公害エンジンになるばかりか、性能向上をはたすわけだから値上げの説明はつくが、問題は値上げ幅である。ここにおいてベトナムのコンシューマーとの信頼関係を築いて維持してきたベトナム・ホンダは、その信頼関係をより一層深いものにしなければならない。

二輪車すべてを「ホンダ」と呼んだベトナムの人びとの信頼を考えれば、ベトナム・ホンダは二輪車モータリゼーションのデフォルトになっていることを自覚せずにはいられない。だからこそ、一六歳になれば無免許で乗ることができる五〇ccと電動二輪車の販売をしていない。ベトナム・ホンダでは五〇ccエンジンを製造して日本へ輸出しているので、五〇ccの製品を製造することは可能だ。しかしライバルの他社が売っても、ホンダは売らないのである。電動二輪車はすでに年間六〇万台程度の市場になっているが、それも製造販売しない。免許制度のなかにあるモビリティだけを売るという方針を堅持している。市場占有率が八〇％に手が届きそうなナンバーワンメーカーは痩せ我慢をしているのではなく、社会的責任を自覚してこれを方針としている。圧倒的なシェアをもつナンバーワンの余裕があるメーカーだから定めうる方針だという指摘はあるが、ベトナム・ホンダはそのことに関心をしめさない。

そうした方針は、安全運転の教育ができる大規模な専門施設を運営し、販売店レベルでも安全運転講習会を継続的に開催していることでも表明している。あるいは第三工場の運営をすべてベトナム現地雇用の従業員にまかせ、ホンダの駐在員を置いていないことにも通じているのだろう。

二〇一八年の九月、ベトナムは学校の新学期をむかえるが、小学校一年生になる全国の児童全員に、ベトナム・ホンダは子供用ヘルメットを寄贈することにした。ヘルメットをかぶらずに二輪車に乗せられている子供が多いからである。ベトナムはヘルメット着用の義務を法律で定めているが徹底されていない。それまで学校単位や地域単位で小学生にヘルメットを寄贈する事業をしていたが、一八年からは全国の新一年生全員へ入学式に贈ることにした。必要とされた子供用ヘルメットは約一九〇万個であった。ベトナムの子供たちのアイドルであるドラえもんのイラストとホンダのロゴマークが入っている。「できれば二輪車に乗る子供全員がヘルメットをかぶるようになるまで寄贈を続けたい」とベトナム・ホンダの社長である桑原俊雄は言っていた。

一億台突破の要となったインドネシア

一日に七二〇〇台のスーパーカブが売れている国があると聞いたのは二〇〇四年のことであった。月に二三万台、年間では二六三万台という計算になる。

それがインドネシアであった。この国で、スーパーカブ・シリーズが大ヒットしなければ、二〇一七年の生産累計一億台突破はありえなかった。

一九五八年（昭和三三年）に新発売されたスーパーカブの年間生産台数を追っていくと、新発売からわずか三年で五六万台に達して以後、一九九二年（平成四年）までの三一年間で生産累計二〇〇〇万台を突破しているが、年度別の最高台数は六三年の八八万九〇〇〇台、最低は生産体制が需要に追いつかなかった当初二年をのぞけば八四年の四三万一〇〇〇台だ。

その年間生産台数が一〇〇万台の大台にのるのが一九九三年であり、九八年はアジア通貨危機の大波で八八万六〇〇〇台に激減するが、翌年は一二三万台に回復し、その勢いを維持して二〇〇万台になるのが二〇〇一年である。その年の生産累計は、まだ三三一二万台程度だ。

ここからスーパーカブの生産台数は一気に上昇する。二〇〇二年になると年間三六〇万台と跳ね上がり、二〇〇五年は五三七万台までいった。その結果、たった六年間で二〇〇〇万台を積み上げ、二〇〇〇年に生産累計五〇〇〇万台を突破する。そして二〇一七年に生産累計一億台を記録する。

したがって、スーパーカブは三〇〇〇万台に達するまでに四二年かかり、そこから五〇〇〇万台まではたった六年で、さらに一億台まで一三年間かかったことになる。この二〇〇〇年からのハイスピードな上昇を可能にしたのが、インドネシアにおけるスーパーカブの大ヒットであった。この国だけで二〇〇〇万台ほど売ったという。スーパーカブ六〇年の歴史のなかで、一国におけるこれほどの劇的なヒットは例がない。

そこで注目してほしいのは、九七年七月に起こったタイの通貨バーツ暴落を契機とするアジア通貨危機である。政治経済の大波乱によって、おもに東南アジア諸国が通貨危機におちいって深刻な不況に襲われた。スーパーカブの生産台数は、九七年に年間一五五万台まで伸びて好調な右肩上がりをしめしていたのだが、翌九八年には八八万六〇〇〇台にまで激減している。この数字の変動は、スーパーカブのメイン市場が東南アジア諸国であることを鮮明にしめし、深刻な不況は庶民のモビリティの売上を約半分に落としてしまうことをあらわしている。政治経済の大波乱は、問答無用で無産の庶民を直撃するものだ。

その東南アジアにおいて最大の人口をかかえるインドネシアで一日に七二〇〇台のスーパーカブが売れているという話を聞いて、取材に出かけたのは二〇〇五年の一月であった。

当時のインドネシアでは、一〇〇ccのスープラ、一二五ccのカリスマという、スーパーカブ・シリーズのモデルが飛ぶように売れていた。どちらもステップスルーのシルエットで、レッグシールドがあるスーパーカブそのものであった。ただし、インドネシアの人びとはスープラとカリスマを、ベベックと呼んでいた。ベベックとはアヒルのことである。アヒルといっても、お尻をふりふりして大きな足ひれの足でちょこちょこ歩く、オレンジ色のくちばしの可愛らしい白い鳥というイメージではない。インドネシアの人びとがベベックに感じるイメージは、たくましさであった。

ベベックは男性的な小型オートバイであった。ホンダはスーパーカブを、その国で好まれるように変身させることは、すでに書いた。ベベックは、インドネシアの男性の伝統的な価値観である「ガガ」のイメージをまとっていた。ガガとは大きくて強いマッチョな男といった意味である。そのためにベベックは、力感あふれる大柄のボディをまとい、いちばん好まれる色は黒であった。

製造販売をする現地法人はアストラ・ホンダ・モーターである。インドネシアの大きな華人系資本であるアストラ・グループとホンダの合弁会社であり、その傘下に販売や部品製造の会社が三社あった。アストラ・ホンダの資本比率は五〇：五〇なので社長はホンダから出ていた。

ホンダとアストラ・グループの縁は、六〇年代の完成車オートバイ輸入販売からはじまっている。七二年には技術提携を結び現地生産を開始し、二〇〇〇年には急拡大していく二輪車市場に対応するために合弁会社アストラ・ホンダ・モーターを設立した。アストラ・グループにとってもホンダにとっても、人口二億人をこえる大きな国であるインドネシアは魅力的なマーケットであった。

二〇〇五年当時のアストラ・ホンダは、ふたつの工場で一日八〇〇〇台のオートバイを製造し、そのうち九〇％がスーパーカブであった。年内に新たな工場が稼働するのを待っていて、これによって一日一万五〇〇〇台の製造が可能になると聞いた。

日本のホンダから駐在していた工場長は「スーパーカブだけの単一モデル生産と言っていい」と認め、こう意欲を語っていた。

「新工場が稼働したら一日一万台を軽くこえます。これはホンダが経験したことがない膨大な生産量です。これだけ大量になると、就労人数が増えて工場のマネジメントが難しくなるだろうし、品質とコストを維持するという厳しい大仕事になるだろうと思っています」

当時ホンダは全世界で年間約一〇〇〇万台のオートバイを製造しているが、インドネシアはその三〇％を製造する国になるとも言っていた。

そのとき大きな課題になるのは、大量生産になることで生じる、未経験領域にあるヒトとモノとカネのマネジメントだった。アストラ・ホンダの場合、鋳造部品、タイヤのリムやハブ、ブレーキまわりを自前で製造していたので、マネジメントの規模が大きく複雑だった。

ホンダ専売店の取材もした。インドネシアのスーパーカブのカスタマーは、リセールバリューをとても気にしていた。大企業の工場労働者の平均年収が一五万円ほどだったが、スーパーカブはその年収とほぼ同額帯にあった。日常的に使用する財産ともいえる存在なのである。そのためにスーパーカブを購入した時点で、すべてのボディ部品を黒いフィルムでラッピングしてしまう。そしてレッグシールドを外して大切に保管する。傷つきやすいプラスチック部品を保護するためだ。さらに年間三回から四回は定期点検をうける。新車時の性能をできるかぎり維持するためである。こうして熱心に定期点検をうけることを、販売店の経営者は、カスタマーと販売店のどちらにも利益をもたらす習慣だと言っていた。

スーパーカブのカスタマーは、ちょっとした改造も好きであった。これだけ大量に走っているのだから個性を主張したくなるのだろう。定番の改造はバックミラーを幅の狭いものに交換することだ。見た目に精悍さを増すとともに、混雑した町中の道路ではすり抜けが楽になるという。レーシングマシンに使われるブルーのナットやボルトのワンポイント交換も流行っていた。スーパーカブを改造したレーシングマシンによるレースも盛んであった。町や村でもお祭り代わりに公道レースが開かれる。販売店チームに所属するプロの選手もいて、そのなかからオートバイ世界グランプリに出場する選手が育ってくる。インドネシアのスーパーカブ事情は、社会的にも文化的にも分厚いモータリゼーションを構成しているのであった。

インドネシアの人びとの家庭生活は、まずテレビを買い、その次には冷蔵庫、そしてスーパーカブを買うという定番があった。

「スーパーカブはインドネシアの人びとの生活を楽しく豊かにするモビリティになった」とベトナム・ホンダの社長である桑原俊雄は言っていた。桑原は、このスーパーカブが爆発的に売れ始めた時代にアストロ・ホンダ・モーターの駐在員で、市場調査を担当していた。その市場調査は、国内線の旅客機に乗ったあとに何時間もタクシーを走らせ、名前も知らなかった小さな町や村の販売店まで行く、徹底した現場主義であった。

「たとえば就職活動ですが、交通が不便な小さな町や村でもスーパーカブがあれば、その活動の範囲が格段に広がる。徒歩や自転車の移動では考えられない二〇㎞も三〇㎞も離れた大きな町で仕事を探すことができる。また行動範囲が広くなると、人間関係も広くなります。そのことで毎日の生活が楽しく豊かになるという話を、多くのお客様から聞きました」

多くの庶民がスーパーカブを買うことができたのは、頭金一五％程度を支払えば比較的たやすく二輪車ローンが組めたからである。最長で四八か月のローンだが、たいていのカスタマーは二四か月を選んでいた。スーパーカブの大ヒットは二輪車ローンとセットだったのである。

そのローンの金利について調べなかったのが、この取材のときの大きな失敗であった。日本で生活する者の感覚で、二輪車ローンの金利は高くても年利六％ぐらいだから、インドネシアでもまた、そのような低金利の二輪車ローン制度ができたのかと早とちりして納得してしまった。

ところが、このときのインドネシアの二輪車ローンは、日本で生活する者からみれば、とんでもない高金利だった。年間の金利は経済変動で変化することがあり地域的にも一定ではないが、二〇〇五年から五年間での平均は三二％である。好景気のときは三〇％を切るときもあり、景気がわるくなれば三七％になることもあった。一般に発展途上国のローンの金利は高く、二輪車ローンの金利が四〇％という国はざらにあると聞く。そのような現実があるにせよ、三二％は高い。一〇万円の商品を四八か月ローンで買えば、二〇万円以上返済することになる。

しかしそれでも、なぜ、飛ぶようにスーパーカブが売れたのだろうか。謎は深まるばかりであった。その謎を解くために、山本幹に話を聞いた。二〇〇六年から二〇一〇年までアストラ・ホンダ・モーターの社長をつとめた事務に長けた人物である。現在はホンダを定年退職している。

「経済の話は難しいので簡単に言えば、ローンを組むときに個人の信用調査をしますが、インドネシアでも当然それはやります。しかし当時のインドネシアのファイナンス会社は、その信用調査を緩和したわけです。多くの人たちがローンを組めるようにした。いままでローンを組めなかった人たちがローンを利用できるようになったのが販売台数増加の理由です」と山本幹は説明してくれた。信用調査を緩和できたのは、インドネシア政府に政治経済に精通した尋常でなく優秀な政治家がいて、安定的な経済成長政策を着実に実行していたという大きな背景があったからだそうだ。

高金利については、インドネシアの人びとは留意しない傾向があるということであった。たしかに低金利のローンがないのだから、気にしようがない。高金利を支払うしかないのである。

しかし信用調査を緩和すると、ローンの返済ができなくなる、いわゆるローンの焦げつきがおこる可能性が増すのではないか。そのことについて山本幹は「だから頭金を、たとえば一五％に設定するということが重要だった」と答えた。一五％の頭金を現金で支払える人はローンを返済してゆく経済力があると判断できるからだ。この判断を誤ると、新車の二輪車市場そのものが成り立たなくなる危険性があった。ローンが焦げつけば、ファイナンス会社は二輪商品現物を差し押さえて引き取るが、その商品は新古車となって市場に出てくる。そうなると値崩れが起きて、新車の売れ行きが鈍るという悪循環が始まり、対策せずに放置すれば新車市場が崩解してしまう。

「ローン制度をやれば、必ず焦げつきが出る。その焦げつきの率が、たとえば八％あっても、売上が伸びて新車市場が成長していくのであれば、八％をこえないように、頭金のパーセンテージを調整し続け信用調査が緩和しすぎないようにしなければならない。経済状況は常に日々変化しているから、市場の動向や経済状況データを毎日毎晩のようにチェックして判断し、ファイナンス会社と綿密に打ち合わせしなければばならなかった」と山本幹は言っていた。

さらに「商品が急激にはなはだしく売上を伸ばしたときは、会社のガバナンスを強化しないと経営が破綻しかねないのです」と言った。

「このとき、ざっくりと言えば年間三〇〇〇億円ぐらい売上がありました。そうなると経常利益が一日一億円になる。これだけのお金が動いているのですから、きちんとお金を管理しないと、アストラ・ホンダという会社のガバナンスもコンプライアンスもマネジメントもオペレーションも困難におちいる危険性があった。その危険性をひとつずつ発見し排除し解決していくのが私にあたえられたミッションだった」

これがスーパーカブが飛ぶようにローンで売れていたインドネシアで、山本幹がした社長の仕事

Photo : Hideaki Togashi

スーパー700（1981年）

直線基調のデザインを世界に先駆けて採用したインドネシアのスーパー700。やはり２人乗り用のシートを標準装備。リヤサスペンションはショートストロークになっている。コストダウンの工夫がこらされている。別体式のストップランプが特徴的。

カリスマD（2003年モデル）

現在、インド、中国に次ぐ世界第3位の巨大二輪車市場となっているインドネシアにおけるホンダの二輪車生産・販売は、合弁会社アストラ・ホンダ・モーターがおこなう。写真のカリスマDを初めて発売した翌2003年に生産累計1,000万台を達成している。

であった。リーマンショックを経験した現代において、庶民のモビリティであるスーパーカブとてローンで急激に大量に売れれば、そのビジネスは未経験の危険性を克服しなければならない。

そのインドネシアにおいても、スーパーカブの時代からスクーターの時代へとモードは移行している。もちろん一万七〇〇〇の島々で構成される広大なインドネシアの辺地で、大きなタイヤで丈夫なスーパーカブは、当面デファクトスタンダードなモビリティであり続けるはずだ。

しかして、インドネシアでスーパーカブとローンがセットになっておきた爆発的なヒットの正体を確認してみると、また別の国か地域で同じような爆発的なヒットがおこりうるのではないかと考えた。発展途上国において庶民生活をより豊かにするためにパーソナル・モビリティを買いやすくしようとする政治経済政策を考える為政者がいて、その為政者がすぐれた金融政策を実行し成功に導いた場合だ。その国の人びとに、たとえばスーパーカブが好まれていたならば、スーパーカブは飛ぶように売れるだろう。インドネシアではそのような現実が二一世紀初頭におこり、広範囲な意味でベトナムにもその現実があると言っていい。

稀にみるスーパーカブ・パラダイスは、類まれな庶民と為政者のパラダイスであった。

第六章

ふたつの最前線
南米と中国

ブラジルで人気となったビズ(2002年)

製造拠点が集中するもうひとつの地域

スーパーカブの世界分布には、ふたつの分類方法がある。ひとつは製造をしている国ぐにを数えることだ。もうひとつは販売している国ぐにを網羅する方法である。

スーパーカブを販売している国は「一六〇か国以上」[※17]とホンダは二〇〇八年に発表している。国や地域の数え方には国際基準がないので国連加盟国一九三か国を参考にするが、そのうちの一六〇か国以上というのは約八三％であり、世界各国で売られているといっていい数字だ。

だが実際にどこの国で売られているのかを正確にカウントするのは難しいだろう。隣の国のホンダ販売店からスーパーカブを仕入れて、ホンダの販売店がひとつもない自分の国で売っているようなインポーターが、いないとはかぎらない。こればかりは調べようがなく、調査数字にできない現実なのだろうが、そうしたことを考えると、世界中のほとんどの国や地域でスーパーカブが走っている可能性は非常に高いと思う。庶民の廉価なモビリティは新車であっても少ない資本で輸出入できるから国境をこえやすいし、乗って楽しい一億台のスーパーカブならば、たいていの国に隠れたマニアがいるという推測は十分に成り立つ。

一方、製造国は一九五八年の日本からはじまり、六〇年代から七〇年代にかけて、東南アジア、ヨーロッパ、東アジア、中南米、アフリカへと拡大していった。

二〇〇一年のメディア[※18]の取材によれば、そのときスーパーカブを製造している国ぐにには、アジア

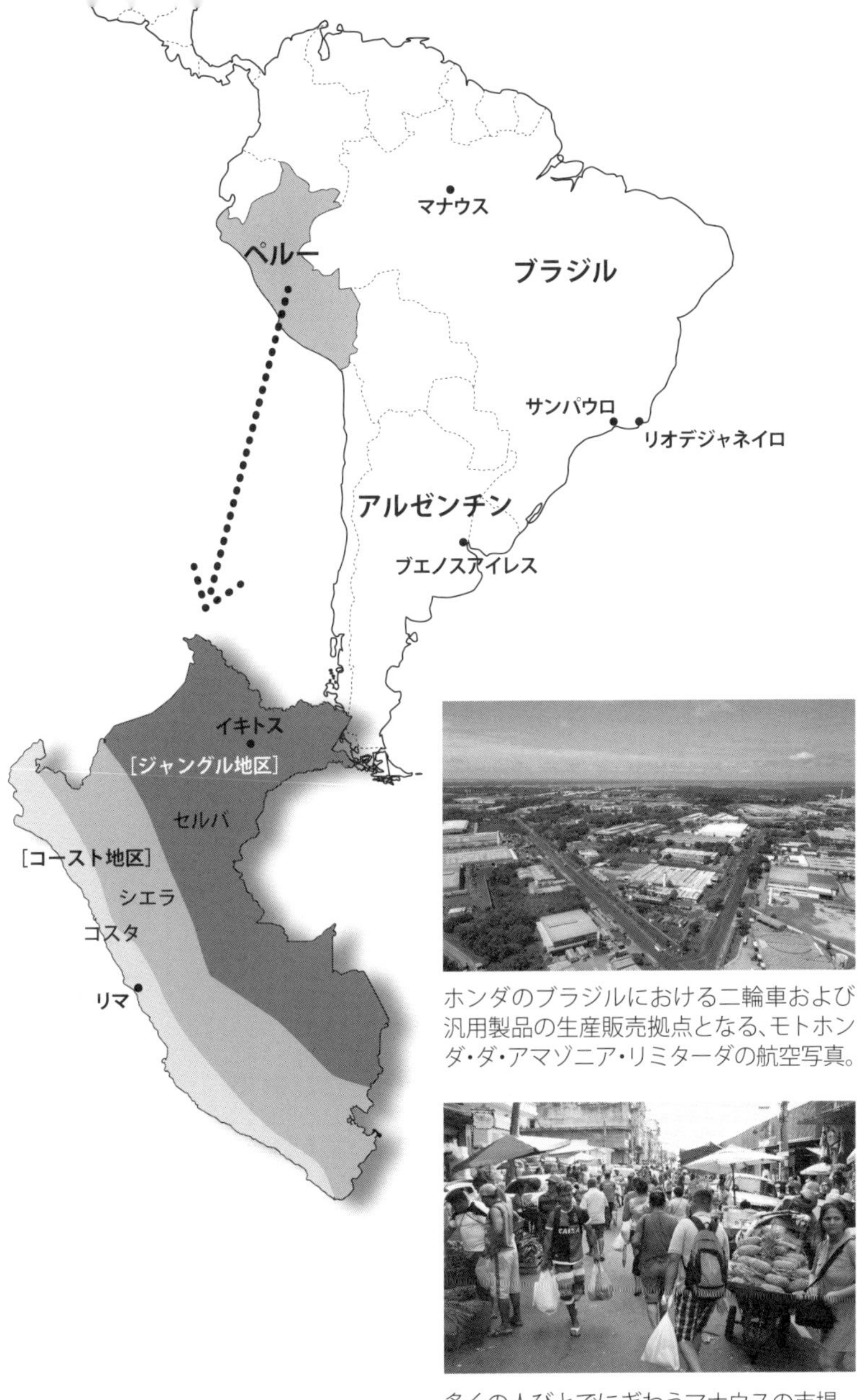

ホンダのブラジルにおける二輪車および汎用製品の生産販売拠点となる、モトホンダ・ダ・アマゾニア・リミターダの航空写真。

多くの人びとでにぎわうマナウスの市場。

では、日本、韓国、フィリピン、ベトナム、タイ、マレーシア、インドネシア、バングラデシュ、インドの九か国、アフリカがナイジェリアとモーリシャスの二か国、南米もブラジルとコロンビアの二か国で、合計一三か国であった。すでにヨーロッパでは製造していない。

これがスーパーカブ誕生五〇周年の二〇〇八年になると、アジアでは中国とラオスとカンボジアが増えて、韓国とバングラデシュとインドがなくなり、アフリカではモーリシャスがなくなって、中米のメキシコが増え、南米ではペルーとアルゼンチンが増えている。

二〇一七年の記録によれば〇五年同様、日本、中国、フィリピン、ベトナム、カンボジア、ラオス、タイ、マレーシア、インドネシア、ナイジェリア、メキシコ、ブラジル、コロンビア、ペルー、アルゼンチンの一五か国である。このうちカンボジア、ラオス、コロンビアはディストリビューターが製造する国で、ホンダの現地工場で製造するのは一二か国だ。ホンダは世界の一七か国に二輪車の製造拠点を持つが、そのうちイタリア、スペイン、ケニア、バングラデシュ、インドの五か国はスーパーカブを製造していない。[※17]合計一五か国になった。

ホンダが現地製造するときの考え方は「需要のあるところで生産する」という地産地消が基本だったが、グローバリゼーションの時代になってからは「競争力のあるところで生産する」という考え方が付加されている。つまり現在製造中の一五か国は、スーパーカブ人気のあるところか、安いコストで製造できて輸出コストも低いところ、ということになる。

こうして製造している国ぐにの地域分布を見ると、アジア地域九か国に集中していて、南米に四か国、中米とアフリカがそれぞれ一か国だ。アジアの次は南米だったのである。

南米におけるスーパーカブの状況を現地取材したいと思った。ホンダの二輪車製造拠点があり、スーパーカブ・シリーズを製造しているブラジルとペルーとアルゼンチンである。

実は南米におけるスーパーカブの状況はイメージしにくい。アジアに次いでスーパーカブ人気の高い地域なので、関心がないわけではないのだが、やはり日本からは遠いので日本語の情報が少ない。南米は日本から見れば地球の裏側だ。そこへ行くためには最新の旅客機をもってしても三〇時間ほどかかる。

南米のスーパーカブ状況は、日本にもアジアにもない独自性があった。

日本の裏側で起こった独自の進化

ホンダが南米に進出したのは一九七一年（昭和四六年）である。アメリカ、ヨーロッパ、アジアと海外市場を開拓してきて、いよいよ南米へと駒をすすめた。

まずはブラジル連邦共和国にホンダ・モトール・ド・ブラジルを設立した。ブラジルは人口も国土面積も南米最大の国であり、当時の人口は一億人をこえたあたりだった。経済成長が見込める人口の多い国や地域へ進出していくのはホンダの基本路線である。六七年あたりから発電機や二輪車製品をブラジルのインポーターを通じて販売していたが、現地法人を設立して本格的なビジネスがはじまった。ホンダはこのとき五〇ccのモペッドから七五〇ccのスポーツモデルまで二輪車のフルラインナップを完成しており、販売する二輪車製品の機種が不足することはなかった。

ブラジルはオートバイらしいオートバイを好む人びとの国であった。しかもオートバイは男性のモビリティという既成概念が強く、女性には人気がなかった。馬車の時代から、いきなり四輪車のモータリゼーションに移行したブラジルには、日本の五〇年代から六〇年代に相当する二輪車の時代がなかったので、二輪車は馴染みが薄いモビリティであった。それは女性において顕著だった。

ホンダは一九七五年に合弁会社モトホンダ・ダ・アマゾニアを設立して通称マナウス工場の建設にとりかかり、翌年から本格的な現地製造を開始するが、その製品はオートバイの実用車CG125の一本槍だった。CG125はじわじわと売れる定番人気のオートバイだったので、マナウス工場は操業一一年後の八七年に生産累計一〇〇万台を達成している。

しかしブラジルは一九七〇年代から安定成長の国ではなく、第一次オイルショックを契機にして政治経済の波乱が続き、八〇年代になると毎週のように物価がいちじるしく上昇するハイパーインフレが発生するほどの経済的大混乱が延々と続くのである。ブラジルといえば農業が盛んで地下資源にもめぐまれた国というイメージがあるが、国家経営は波乱万丈の連続であった。

ホンダとしては二輪車市場のシェアと台数を確保して盤石なビジネスにしたいのだが、そのためにはCG125一本槍では無理がある。本来ならばスーパーカブを大々的に売りたいところだが、ブラジルでは人気がないのであった。タイからスーパーカブを輸入して販売してみたが、売れゆきがかんばしくない。

だが、パーソナルモビリティの需要がないのではない。都市部においても利便性の高いモビリティを必要とする人びとは多く、それは公共交通機関が貧弱な地方において、なおさら必要とされていた。しかしその需要が小型オートバイと結びついていない。ホンダにとっては需要を掘りおこせていない状況だった。この状況は当時ブラジル現地ではたらいていたホンダの人たちを奮起させた。

ブラジルの人びとは日系ブラジル人たちが社会的に活躍していることを知っているし、日本製の家庭用電化製品が生活を豊かにしてきたことも経験しているから、日本への関心は薄くない。しかも、ホンダＦ１エンジンで何度も世界チャンピオンを獲得したアイルトン・セナはブラジルの人びとの英雄であり、その縁でホンダのブランドイメージは良好であった。バックボーンに不足はないのだが、ホンダが思うように二輪車製品の人気が上昇していなかった。

そこでオリジナルのスーパーカブ開発計画が生まれた。一九九〇年代中盤をすぎた頃である。いままで人気を獲得できなかったのは、ブラジルの人びとが好むスーパーカブではなかったからで、ブラジルの人びとの生活にぴったりとフィットするスーパーカブをつくろうという開発計画である。こうして一九九八年（平成一〇年）にブラジルで新発売されたのがビズである。アルファベットではBizで、その発音には「ブラジル人のための」という意味が込められている。

ビズのユニークなところは、通称メットインという機能があることだ。文字どおりヘルメットを収納できるスペースがある。従来のスーパーカブは、シートの下はガソリンタンクだが、ビズの場合はシートを上げるとヘルメット収納スペースがあらわれる。大柄なフルフェイスヘルメットが収納できる大きさだ。ヘルメットを入れ、シートを下ろして鍵をかければ、そうやすやすとは盗まれない。もちろん走行中は荷物入れになる。一〇kgまでの重さの荷物を積める、実用的なメットインである。最新モデルではメットイン内部にスマートフォンなどを充電できるアクセサリー・ソケットを仕込んでトレンドにも対応している。

このメットイン機能を付加するために、スーパーカブを新設計するにひとしい努力が必要とされた。メットインのスペースをつくり出すために、後ろのタイヤを小さくしたのである。日本の郵便配達カブとリトルカブをのぞくと、スーパーカブ・シリーズのタイヤサイズは前後とも一七インチ（直径約四三二㎜）ホイールなのだが、ビズではフロントタイヤはそのままに、リヤタイヤを一四インチ（約三五六㎜）サイズに変更した。フロントタイヤを大きくして悪路における操縦安定性を確保するという二輪車の設計手法は従来からあるのだが、ビズもそれにならって、リヤタイヤだけを小さくした。ブラジルの小さな町や村では未舗装路が多いからだ。ビズのシルエットは、スーパーカブそのままのステップスルーとレッグシールドだが、全体のデザインはスポーティーなウェッジシェイプ基調でまとめられた。

南米二輪車マーケット全体を束ねるホンダ・サウスアメリカの副社長である前原孝次はこう言っている。

「ビズは女性のお客様をメインユーザーに想定して開発したスーパーカブなのです」

そもそもメットインは、女性のコンシューマーがヘルメットを持ち歩くことを嫌っていて、バッグや買い物品を入れるスペースがあれば便利と考えているところから発想された機能だ。

オートバイは男性のモビリティという既成概念が強いのであれば、ビズは女性のモビリティだと逆手をとったのである。二〇年前に新規開発したときも、カラーリングの変更やモデルチェンジをするときも、女性カスタマーの意見を多く取り入れてきたが、もちろん女性専用モデルというわけではない。女性に好まれるスポーティーで可愛らしいところはあるけれど、シートは大きく、ボリュームのあるデザインなので、男性カスタマーも少なくない。だが、ここまで女性のコンシューマーを意識しているスーパーカブはめずらしい存在だ。

　現在、ビズには一一〇ccと一二五ccのふたつのモデルがある。値段は一一〇ccが七六三六レアル（約二二万円）で、ブラジルの平均月収の五倍ほどだ。ブラジルは景気低迷が続き二輪車の販売台数は落ちているが、二〇一七年の統計データではホンダは年間七一万八〇〇〇台の二輪車を販売し市場占有率は八一％となっている。そのうちの三一％の二二万五〇〇〇台がビズであった。一二五ccと一一〇ccの比率は、五五：四五である。カスタマーの男女比は五〇％ずつで、スクーターの男性比率八四％にくらべると、女性比率がとても高い。年齢比率は二〇代が三六％、三〇代が二六％、四〇代が二一％、五〇歳以上が一一％だった。

　なおブラジルには、ビズよりさらに安い価格帯にあるポップというモデルも存在する。ビズ一一〇ccより二五％ほど安い価格だ。ポップはパワーユニットや前後のタイヤサイズはビズ一一〇ccと同じなのだが、メットインではない。コストダウンを最優先したモデルなので、部品点数がとても少ない。ホンダの全世界のオートバイラインナップのなかで、ポップより部品点数が少ない機種はないという徹底ぶりだ。シルエットはステップスルーが浅く、レッグシールドもないところから、ホンダはポップをスーパーカブ・シリーズにカウントしていないが、ブラジル独特のスーパーカブ的バリエーションモデルである。

　ブラジル独特といえば、この国は一九七〇年代からサトウキビを原料としたアルコール燃料（エタノール燃料）が普及している。ガソリンスタンドでは、ガソリン、ガソリンとアルコールの混合、アルコール一〇〇％の燃料を販売している。そのためにブラジルのホンダの二輪車エンジンはすべて、どのような燃料でも使える電子制御のフューエルインジェクションによるフレックス・フューエルだ。低価格帯にある二輪車製品まですべて電子制御フューエルインジェクション化しているのは第三世界の国ではブラジルだけだ。

もうひとつブラジルならではの販売方法がある、と前原孝次は説明する。

「ブラジルの二輪車販売で、きわめて特徴的なのはコンソルシオという頼母子講（たのもしこう）があることです。ローンより安く商品を買うことができる無尽（むじん）です。ホンダはコンソルシオをお客様に手軽に利用していただけるように、四〇年ほど前から、いち早くコンソルシオ・ナショナル・ホンダという専門の会社を立ち上げて普及につとめてきました」

コンソルシオは、たとえば二四人のコンシューマーが二四か月間、自分が欲しい一台分のオートバイの価格を月割りで積み立てる頼母子講である。期間は最短で一二か月、最長で八〇か月だ。毎月一度抽選があり、当たるとその月にオートバイが手に入る。もちろん当たった人はその後も満期まで積み立てを続けなければならない。コンソルシオに参加するには保証人を立てればよく、必要な手数料は一〇％から二〇％である。たしかに、厳しい信用調査をうけて、年間金利を約四〇％も支払うローン販売よりも安く手軽だ。ただし、ローンならすぐに商品を入手できるが、コンソルシオはいつ手に入るのかはクジ運にまかせなければならない。二〇年ほど前まではコンソルシオでホンダのオートバイを買うカスタマーが七〇％を占めていたそうだが、現在は三〇％ほどである。

一方でブラジルのホンダはローン販売の取り組みにも熱心で、そのための専門会社ホンダ・バンクを設立している他、各地のディーラーでも独自のローン制度を運営している。もちろん一般の銀行やファイナンス会社にもローンはあるが、どのローンも四〇%前後の高金利であることには変わりなく、しかも信用調査で承認される割合は約二七%と厳しい。自動車メーカー系ファイナンス会社協会の二〇一七年の二輪車統計データでは、現金購入三〇%、コンソルシオ三二%、ローン三八%である。しかし実質的には現金購入のカスタマーの五〇%程度がなんらかのローンを利用しているそうだ。したがってコンソルシオをふくめて月割りで支払いをしているカスタマーの割合は、とても高い。ブラジルでは現金購入のカスタマーは多くない。

ブラジルならではの二輪車販売の状況は以上だが、ブラジルならではの二輪車製造もまた特筆に値する。ホンダの二輪車工場はアマゾナス州マナウス市にある。

マナウスは世界最大の川として知られるアマゾン川中流の都市で、ブラジルの中心都市であるサンパウロからは二七〇〇㎞も離れている。日本からフィリピンまでの距離と同等で、飛行機で四時間かかり、一時間の時差がある。アマゾン川と言えば途方もない広さのジャングルを流れる川というイメージがあり、それは事実でマナウスは「陸の孤島」と呼ばれている。しかしブラジル政府にとっては統治的にも軍事的にも重要な都市で、人口は二〇〇万人だ。

そのマナウスに、なぜホンダの二輪車工場があるのかといえば、税金が安くてすむからである。ブラジル政府はマナウスで製造される工業製品に最大限の税制恩典をあたえており、課税額が大幅に少なくなるので製品のコストダウンを実現できる。マナウスは遠隔地だから消費地への輸送コストがかかりそうだが、税制恩典でコストダウンできる金額は輸送コストの八倍もある。

したがって製品を廉価にしたければマナウスに工場を置くという公式が成り立つわけだが、そうなるとできるかぎり、ありとあらゆる部品をマナウスでつくる必要がある。

そのためにホンダのマナウス工場は仕事の幅が広い。日本の工場ならば部品メーカーから購入しているような鉄パイプやマフラー、スポークホイールまで製造している。それは同時にマナウス工場が誇りとする生産技術の広さと深さであり、ホンダの海外製造拠点のなかでも名物工場のひとつに数えられている。

ブラジルにおける二輪車の製造と販売の環境は、いくつも独特なところがあるものだが、それは「郷に入れば郷に従え」なので当然の仕事だとホンダの人たちは努力を続ける。その結果、ブラジルにおけるホンダ二輪車のシェアは約八〇％と高く、他の南米の国ではライバルたちと切磋琢磨しているスーパーカブ・シリーズにおいても、ブラジルではライバルらしいライバルがいない。ブラジルでスーパーカブといったらビズしかない独擅場である。

しかしながら並大抵でないのは「急激な景気変動に対処することだ」と前原孝次は言っていた。なにしろブラジルにおける二輪車の全体市場は、二〇一一年に過去最大の年間二〇〇万台に達したが、それが急激に下降をはじめて二〇一七年には九〇万台になったという。六年間で半分以下に落ち込んでいる。二〇一一年の二〇〇万台は、リーマンショックを克服するための経済政策のひとつとしてローンの大幅緩和をした結果だが、ローンの焦げつきが大量におこり急下降が始まった。下降は二〇一七年に底をうったらしく、二〇一八年は上昇に転じて年間一〇〇万台が予測されている

ブラジルで人気のビズ110i。メットインの他、充電ソケットや手提げフックが充実している。125ccエンジンのビズ125もある。

ポップ110iは、ステップスルーがほとんどない特徴的な一体型カウルを採用。よりスポーティーなスタイリングになっている。

ブラジル・サンパウロで出会ったスーパーカブユーザー

ブラジル・サントスで出会ったスーパーカブユーザー

が、このような乱高下をするブラジルの景気動向を予測するのは神業だろう。結局のところ、なるようにしか、ならない。前原孝次と話していると感じる泰然自若とした思考回路は、この南米ブラジルの二輪車ビジネスで鍛えられたリアリズムが基調になっていると思えた。予想だにしない景気の大変動があっても、慌てず騒がず悲観せず、生き抜く方法を考える。それがブラジルの庶民の我が道をゆくリアリズムだから、庶民のモビリティを製造販売する人たちもまた、そのリアリズムの共感者になるのは当然なのだろう。

ブラジル・スーパーカブのビズは、乱高下する景気動向のなかでも年間二〇万台以上の販売を続けるモデルだ。景気動向にふところ具合を左右される庶民のモビリティにしては、思いのほか景気動向の影響をうけない。まっさきに影響をうけるのはオートバイとスクーターだそうだ。それはブラジルに多くのビズ好きがいて、ビズのある生活を楽しみ、あるいはいつかビズを買いたいと思っていて、ビズの新型車が発売されると購入したくなるカスタマーが多いということだろう。

ビズのメットイン機能は、スーパーカブ六〇年の歴史のなかで特筆すべき発明だ。このようなターゲット・カスタマーの痒いところに手が届くような新設計にひとしい新しい機能をつけくわえることで、スーパーカブが庶民のモビリティとしての魅力を増した国や地域は他にない。

スーパーカブはスーパーカブでありながら、変化しバリエーションを展開して増殖する。そのことがブラジルのビズにおいて鮮明だった。ブラジルの政治経済が安定成長を獲得し、庶民の暮らしがもう少し豊かになれば、人口二億一〇〇〇万人のこの国で、ビズはもっと多くの人びとのモビリティになりうるエネルギーを秘めている。

ふたつの異なる市場をもつペルー

南米におけるスーパーカブのありよう、つまり庶民生活とスーパーカブの状況を見て考えるためにペルー共和国へ移動した。

南米北部の太平洋沿岸の国であるペルーは、インカ帝国の遺跡であるマチュピチュや不思議なナスカの地上絵でよく知られた国である。国土は日本の三・四倍の広さだが、人口は約四分の一の三二〇〇万人にとどまる。

日本のホンダがペルーへ最初に二輪車を輸出したのは一九六一年（昭和三六年）で、それはスーパーカブ新発売から三年後という早い時期である。七〇年にはペルーの企業と合弁で首都リマにホンダ・デル・ペルーが設立され、七五年から現地製造をしている。二〇〇一年からは合弁を解消してホンダ資本一〇〇％になった。

現在、ペルーで販売されているスーパーカブは、ウェイブ１１０Ｓである。ウェイブはタイに拠点を置くアジア・ホンダが一九九〇年代後半に大々的なバリエーション展開をやったときに登場したモデルだ。このあたりからスーパーカブ・シリーズにウェッジシェイプ・デザインが採用されるようになった。いまやウェイブは海外ではスーパーカブ・シリーズを代表するモデルだ。

ホンダ・デル・ペルーは、このウェイブ１１０Ｓの、完成車の輸入と、おもだった部品を輸入しての現地組立、その両方を手がけている。完成車と部品のどちらも、中国のホンダ現地法人からの輸入だ。

なぜ、完成車輸入と部品輸入組立の両方をしているのかといえば、ホンダ・デル・ペルーはペルーの市場をふたつにわけて二輪車を販売しているからである。ペルーの地勢区部は、アマゾン川流域地帯のセルバ、アンデス山脈の山岳地帯のシエラ、太平洋沿岸地帯のコスタの三つにわかれているが、ホンダ・デル・ペルーでは、セルバを通称ジャングル地区、シエラとコスタをあわせてコースト地区として、ふたつにわけている。人口はジャングル地区が約五〇〇万人と少なく、コースト地区が二六〇〇万人以上と圧倒的に多い。

ジャングル地区には輸入税と消費税が免除される税制恩典があるので、ホンダはホンダ・セルバ・デル・ペルーという二輪車製造会社を、ジャングル地区の中心的な町であるイキトスに置いて工場を稼働している。現在の従業員数は二〇五名で、年間三万五〇〇〇台の二輪車を製造する能力がある。コストダウンを図るために内製率を上げる努力をおこたらない、品質第一をかかげる清潔な工場であった。ペルーの市場において高品質こそホンダ・ウェイブの生命線であり、それを担保するのが工場の役目だという強い気持ちが伝わってくる工場である。

このイキトス工場が、中国からおもだった部品を輸入し二輪車を製造して、ジャングル地区で販売している。ただし、イキトス工場で製造した二輪車製品は、コースト地区では販売していない。イキトスは人口四〇万人の町だが「陸路では行けない世界最大の町」と呼ばれ、船か飛行機でしか行けない。つまり道路がないので輸送コストが高くつき、販売価格を押し上げてしまう。そのためにコースト地区には中国のホンダから完成車を輸入して販売している。イキトスから運んでくるよ

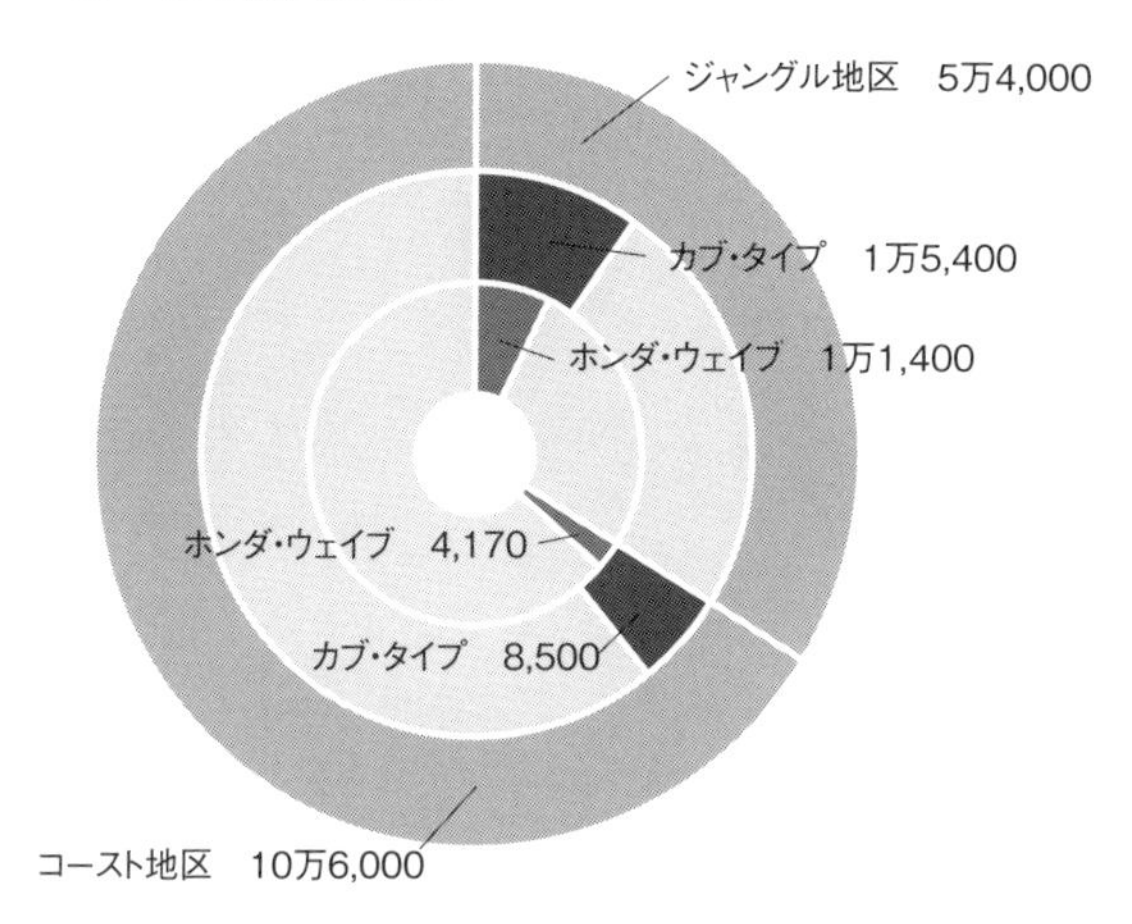
ペルーの二輪シェア（台）
ジャングル地区　5万4,000
カブ・タイプ　1万5,400
ホンダ・ウェイブ　1万1,400
ホンダ・ウェイブ　4,170
カブ・タイプ　8,500
コースト地区　10万6,000

ペルー
で出会った
スーパーカブユーザー

りも安いからだ。つけくわえるならば、ペルーの東隣にあるブラジルのホンダからブラジル政府の高い税金をかけられた完成車や部品を輸入するよりも、中国から輸入したほうが安いのである。まさにグローバリゼーションの時代における国際的な製造業の素顔を見る思いがした。

このペルーの二輪車市場は、ジャングル地区が年間五万四〇〇〇台、コースト地区が年間一〇万六〇〇〇台の規模である。その保有率はジャングル地区で八・八人に一台、コースト地区では二三人に一台の割合だ。コースト地区は四輪車へ移行している市場なので二輪車の保有率が少ない。ホンダの市場占有率はジャングル地区で四〇%、コースト地区で一二%である。

そのうちカブ・タイプは、ジャングル地区で二八%の約一万五四〇〇台、コースト地区では八%の八五〇〇台ほどである。カブ・タイプに占めるホンダ・ウェイブの市場占有率はジャングル地区で七四%、コースト地区では四九%だ。台数にすれば一万一四〇〇台と四一七〇台だ。道路の整備がわるいジャングル地区で悪路走破性にすぐれるウェイブは生活必需品として高い人気がある。ジャングル地区では女性が一五歳になると成人したと認められ、そのお祝いに両親からウェイブを贈られる習慣があるという。

しかし、これらの数字でわかることは、ペルー二輪車市場ではホンダが市場占有率一八%とシェアはトップだが、ライバルメーカーと激しい販売競争を展開しているということだ。それぞれ一二%程度のシェアをもつインドと中国のふたつのメーカーが筆頭ライバルで、強力な価格競争を仕かけている。中国ブランドを販売する会社は、合計で約一〇〇社あるそうだ。ペルー政府は市場開放政策をとっていて、輸入関税が低いのである。二輪車の輸入関税は〇・六%なので、中国から完成車のみならず部品を輸入して組み立てて販売する会社が一〇〇社におよぶのだった。

ウェイブ110Sはジャングル地区で一二二九米ドル、コースト地区で一四四九米ドルだ。ホンダ・デル・ペルーは製品価格を米ドルにして固定している。ウェイブそっくりの中国メーカーのカブ・タイプは、これより当然安い。三割以上安いモデルすらあるという。生活者たる庶民は、どうしたって値段の安い方に目を向けてしまうが、それは人情というものだ。ホンダのウェイブは、持ち前の高い信頼耐久性を最大の武器として販売競争を勝ち抜いていかなければならないが、コンシューマーが品質のよい物を買って最終的に得をする「賢い消費者」になるまでには元手がかかる。

ホンダのカスタマーは、半分が現金購入者で、あとの半分がローン利用者だ。利用しているローンの年間金利は五〇%から六〇%とすこぶる高い。銀行やファイナンス会社のやや低い金利のローンの信用調査を通過できる二輪車のカスタマーは少ないという。二〇一七年における国民ひとりあたりの総所得GNI（アトラスメソッド）はペルーが五九七〇米ドルで世界八六位で、日本は三万八五五〇米ドルで二四位である。

かつてベトナムで猛威をふるった中国メーカーのカブ・タイプは、ペルーにおいても二〇〇〇年あたりからスーパーカブのライバルであり続けている。スーパーカブにせまるタフなビジネスを展開するが、ホンダとて負けるわけにはいかない。

「ホンダ製の品質がだんとつであることは間違いないのです。三年後を見据えてシェア三二%、一〇万台を目標に、販売網を拡大し、ファイナンス会社との提携による利用しやすいローンを拡充する計画です。また、中国ブランドからのステップアップ需要を取り込むためのニューモデルを仕込みたいし、サービス拡充などの方針も定まっています。ひとつずつ実行していくしかありません」とホンダ・デル・ペルーの社長である豊田誠は営業一筋のファイターらしい決意を語っていた。

ペルーでスーパーカブのバリエーション展開がおきる可能性がみえてきた。

一歩後退二歩前進するアルゼンチン

南米大陸にホンダは三つの製造拠点をもつ。ブラジル、ペルー、そしてアルゼンチン共和国である。この国におけるスーパーカブ状況は、他の二国とくらべて、きわめて興味深いものであった。

アルゼンチンは、南米大陸の南の端にあり、世界で八番目に広い国土面積は日本の七・五倍にあたる。それでいて人口は日本の三分の一の四二〇〇万人だ。雄大な自然と地下資源にめぐまれた農業国というイメージだが、輸出総量の一〇%が自動車という工業国の側面をもち、日本の歌謡曲に大きな影響をあたえたアルゼンチンのタンゴは誰もが耳にしたことがあるドラマチックな音楽だ。

二〇世紀半ばまでは有数の富裕国であり、その歴史的な繁栄は「南米のパリ」と呼ばれる首都ブエノスアイレスの堂々たる町並みを歩けば容易に理解できる。しかし二〇一七年におけるひとりあたりGNI（アトラスメソッド）は一万三〇四〇米ドルで世界五五位である。ときおり政治経済が激しく混乱しているという国際ニュースを耳にする。

このアルゼンチンでホンダの二輪車、とりわけスーパーカブは人気が高い。一九六〇年代から現地インポーターによってスーパーカブが輸入され一定程度の人気をえていたようだが、七八年にホンダが一〇〇%出資して設立したホンダ・モーター・デ・アルゼンチーナの地道な努力で、九〇年代になってからスーパーカブの人気は決定的になった。首都のブエノスアイレスでその姿を見る機会は少ないが、小さな町や村に行けばスーパーカブが庶民のモビリティになっていることが見てとれる。とりわけ北部の町や村での需要が高い。南半球のアルゼンチンは、南極に近い南部より北部のほうが温暖な気候だからである。

二〇一八年春の統計数字では、ホンダ・アルゼンチーナは一年間に一四万八〇〇〇台の二輪車を現地製造して販売している。そのうちの三八・三%がスーパーカブである。五万六五〇〇台といったところだ。ビジネス、デュアルパーパス、スポーツ、スクーターなどの二輪車を製造販売するが、スーパーカブの人気は根強い。そのスーパーカブは、ブラジルのホンダから主要部品を輸入して製造するビズ125と、中国のホンダから同じく主要部品を輸入して製造するウェイブ110Sである。一部の部品はタイからも輸入しているが、部品の現地調達率向上を推進していることはいうまでもない。しかし、それはさらなる販売台数の拡大と部品メーカー育成というテーマになるので、長期的な展望をもたざるをえない。

ビズ125の価格は五万六〇〇アルゼンチン・ペソでおよそ一三五〇米ドル、ウェイブ110Sは三万一五〇〇アルゼンチン・ペソで八五〇米ドル程度だ。ビズとウェイブの価格差が大きいのは、ブラジルから輸入するビズの部品にブラジル政府がかける輸出税が割高だからである。

直近一年間で製造販売したスーパーカブのうち八四%がウェイブだ。ウェイブのカスタマーは典型的な庶民生活者だ。月収は八〇〇米ドル以下が大多数で、男女比は半々となっている。ホンダの有力販売店で聞いたところでは、三〇％が現金購入し、残り七〇％がローンでの購入だという。ローンの支払期間は一八か月から五四か月で、金利は年三八％だ。日本で暮らす者は大変な高金利だと思うが、すでにブラジルとペルーでみてきたように南米各国では平均的な金利である。いわゆるローン焦げつきへのリスクヘッジが上乗せされ金利を引き上げている。南米社会において庶民がローンを利用するためには高金利に耐えなければならない。

アルゼンチンではスーパーカブの人気が高いと書いたが、実はホンダのスーパーカブは、ナンバーワンブランドではない。現在のところカブ・タイプ市場でウェイブは五位、ビズは六位にすぎない。一位から四位までは中国メーカーのカブ・タイプだった。さらにいえば二輪車市場全体での市場占有率でもホンダは二位に甘んじている。もちろんホンダにとっては許しがたい状況であって、「よほど予測不能の政治経済変動がなければ、二年もたたぬうちにトップへと返り咲く」とホンダ・アルゼンチーナの人たちは言っていた。そのための施策と努力をおしまない反転攻勢の真っ最中だ。しかし現状は苦境にある。

ホンダがシェアを落とした直接的な要因は、アルゼンチン政府による貿易収支改善と外貨獲得、財務収支改善とインフレ抑制の強力な政策によって、輸入規制、価格規制、現調規制がかかったからである。この保護貿易主義の政策は二〇一二年あたりからホンダにとって厳しさを増す規制拡大となり、事前輸入申告制度、外貨支払いの規制、価格統制、消費税における贅沢税的増税、輸入制限などが実施された。ホンダ・アルゼンチーナは部品輸入に依拠した製造販売をしているから、凄まじい向かい風をあびた。向かい風どころではなく嵐だった。そのあげくに主戦モデルであった旧型ウェイブの製造終了を決断し、新型ウェイブに切り替えたが、その新型すら一時期は製造休止せざるをえないところまで追い詰められた。

この嵐の最中に、中国メーカーのカブ・タイプがホンダの隙を突いて台頭してきたのである。ホンダ・アルゼンチーナはシェア・ナンバーワン二三・九％のポジションを奪われ、カブ・タイプ市場でもトップ独走から転落した。中国メーカーのカブ・タイプの価格は、いずれもホンダより六〇％ほど安い。景気が後退したこともあって結果的にホンダは価格競争に足を引っ張られた。

アルゼンチンでビジネスをするかぎり、アルゼンチン政府を尊重するのは至極当然で、ホンダ・アルゼンチーナは真っ正面から困難に向きあうことを選択した。ビジネスの世界には蛇の道はヘビの抜け道や裏道が山ほどあるだろうが、そうした小賢しい戦術をホンダは習性的に嫌う。若者のような不器用さともいえるし、丘の上の愚者のような超然さかもしれない。ホンダの創業者である藤澤武夫は、外的要因によってホンダが苦境におちいったとき即時反発する部下をたしなめ「嵐の日に傘をさすバカがいるか」と言った。やまない嵐はなく、嵐がやむまで風にまかれてずぶ濡れになって耐えるしかないのである。

アルゼンチン政府の保護貿易主義の政策は、二〇一五年の政権交代によって、経済振興重視の開放政策に転じた。当然のことながら輸入に関するさまざまな規制が撤廃される。

防戦一方をしいられていたホンダ・アルゼンチーナは反転攻勢を開始した。それまで別々の工場で製造していた二輪車と四輪車をひとつの工場にまとめ、さらに本社機能と営業販売などすべての部門もその工場に集約した。二輪車部門は総勢五八〇名の従業員が年間一七万台の製造能力を確保している。この集約の過程で二輪車の製造を休止したのでシェアをさらに落としたが、これは一歩後退二歩前進だ。世界に広がるホンダの製造拠点で、二輪車と四輪車の両方を製造する唯一の工場になったが、効率向上を狙った合理化策で足元を固めた。こうして四位にまで落ちた市場占有率をじわじわと押し上げて二位まで挽回したところであった。

だが、カブ・タイプ市場では悪戦苦闘が続いている。市場が全面的な低価格競争モードに入っているので、高級モデルのビズは総体的な商品力を発揮できず販売台数順位は六位であり、信頼耐久性と高燃費を武器にする主戦力のウェイブは、製造休止のゼロ状態から一年間で急上昇し、ライバルたちのカブ・タイプに肉薄しているが、二〇一八年一月の段階で五位である。ライバルたちは販売台数の減少傾向をみせはじめており、ウェイブは圧倒的な登り調子だ。

ウェイブはトップを奪還できるのか。販売店で見通しを聞いた。首都ブエノスアイレス近郊の町であるフロレンシオ・バレーラの販売店である。ブエノスアイレスではたまにしか見かけないスーパーカブだが、近郊の町へ行くとやたらと目につく。スーパーカブが庶民の生活に必要とされていることが見てとれる。この販売店はホンダの専売店で、部品や用品も大量に扱っていた。平均で月間四〇〇台を販売し、そのうち一〇〇台がスーパーカブで、ウェイブが九〇台、ビズ一〇台の割合だという。スーパーカブのカスタマーの男女比は九：一だ。女性カスタマーの掘り起こしが今後の課題になるが、オートバイは男性のモビリティという「マチズモの常識」はまだ強い。

「ホンダと中国ブランドの価格差が六〇%ある。これが三〇%ないし四〇%になれば、もっと売れると思います。お客様はホンダがいいのは知っていますよ。中国ブランドを買って、やっぱりホンダにすればよかったというお客様は多い。しかし中国ブランドしか買えない現実がある」と販売店の社長は分析していた。

その分析を聞いて「いや、すべてのお客様はまだわかって下さっていないと我われは分析している」とホンダ・アルゼンチーナの営業コーディネーターである成田正克は言った。「お客様にわかっていただくという、我われ売る側の努力が足らないのです」

つまりコンシューマーが高い品質を理解したとき、必ずやそれを選んでくれるという信念がそこにはある。この信念をホンダは「人間尊重」「三つの喜び」として基本理念すなわちフィロソフィにかかげている。「人間尊重」は「自立・平等・信頼」と説明しているから、すべてのコンシューマーを自立した個人として信頼する。「三つの喜び」は「買う喜び・売る喜び・創る喜び」のことだ。成田正克が言わんとしたことは「売る喜び」に到達する努力が足らないから「買う喜び」が生まれていないということである。まことに原則論だが、これこそが低価格競争を仕かけられ悪戦苦闘するホンダの回答なのだと思った。苦境であればあるほどフィロソフィを貫徹してブレない。

この販売店では三人のスーパーカブ・カスタマーにも話を聞くことができた。なかには若き日にスーパーカブでロスアンジェルスまで走ったという猛者もいた。三人の話を聞きながら、南米で出会った二〇人ほどのスーパーカブ・カスタマーの顔を思い浮かべていた。結局のところ、スーパーカブのカスタマーというのはスーパーカブが好きで乗っている、という単純で直截(ちょくせつ)的な理解が生まれてきたからである。好きになってカスタマーになったのか、カスタマーになったから好きになったのかは人それぞれだろう。しかしあきらかに、全員がスーパーカブのある自分の人生の時間を楽しんでいた。世界中にスーパーカブが好きな人たちがいるという、考えてみれば当たり前のことを、アルゼンチンの小さな町で再認識した。ちなみに、この販売店で出会った三人は、スーパーカブが世界中で六〇年間にわたってつくり続けられ、一億台に達したことをご存知なかった。そんなことは知らなくても、スーパーカブが好きなのである。

アルゼンチンのスーパーカブ・カスタマーの特徴は、スクーター志向がほとんどないことだった。東南アジアではスーパーカブからスクーターへ移行していく流れが色濃くあったが、アルゼンチンではその色がとても薄い。ベトナムやインドネシアのように飽和状態にいたっていないからなのかもしれないが、スーパーカブ・シリーズというジャンルは、スクーターやスポーツバイクと混ざりあうことなく、独立したまま一筋に伸び続けると予想されている。

それは三つ目のスーパーカブ・パラダイスの出現を予見するものだ。

中国とホンダとスーパーカブ

それにしても中華人民共和国である。東南アジアから南米までスーパーカブとその状況を取材してきたが、折につけ必ず中国の名が出てくる。

中国のホンダでつくられたスーパーカブの完成車や部品を多くの国のホンダが輸入している。中国メーカーのカブ・タイプが、スーパーカブより人気のある国もあった。東南アジアや南米の状況をひくまでもなく、二〇一七年まで日本で売られていたスーパーカブは中国のホンダ製だった。

アルゼンチンにおけるホンダの製造拠点、ホンダモトール・デ・アルヘンティーナ エス・エーは、ブエノスアイレスにある。

ブエノスアイレスの街では大量のスーパーカブを見かける。

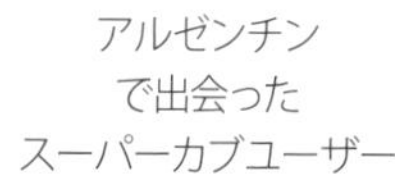

アルゼンチンで出会ったスーパーカブユーザー

2017年の中国における二輪車の販売状況（台）

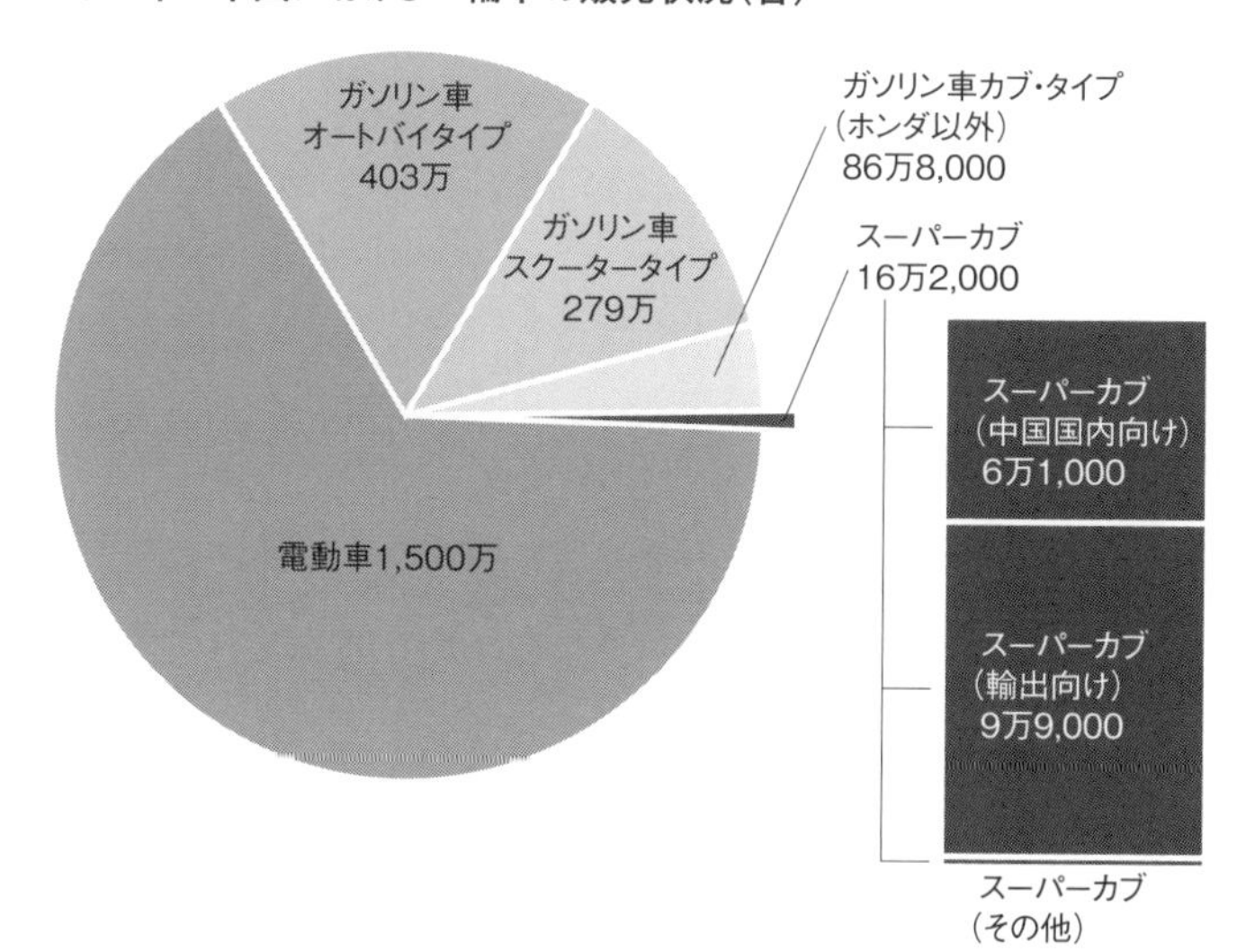

中国なしではスーパーカブの世界状況が成り立たないということに、ようやく気がついたのである。だが、それはなぜだろうか。どうして中国なのだろうと思った。

もうひとつ中国がらみで、ふと疑問に思ったのはキャブレターという部品のことである。キャブレターとは空気とガソリンの混合気をつくりエンジンへ送り込むメカニカルな気化器のことだ。しかし日本で販売されている二輪車でキャブレターを使っている市販モデルは、一部の公道走行不可のコンペティションモデルをのぞくと、おそらく一機種もないだろう。もちろん四輪車にもないはずだ。いまはキャブレターに代わって、フューエルインジェクションと呼ばれる電子制御燃料噴射装置が使われている。フューエルインジェクションは、クリーンなエンジンにとって必要不可欠な装置になっていて、燃費と出力の性能向上も可能にする。キャブレターにくらべてコストの高い装置だが、排出ガス規制が厳しくなってくると、これ以外の対策装置は現段階ではない。世界各国各地域は排出ガス規制を厳しくしていく方向にある。つまりキャブレターを使用するモビリティの時代は終焉をむかえつつある。農業機器などには使い続けられるだろうが、モビリティのエンジン部品としては役目を終える運命にある。

そのキャブレターが、ペルーとアルゼンチンで販売されるスーパーカブに使われていたのである。ベトナムでも廉価版のスーパーカブにキャブレターが使われていた。不勉強ながら、キャブレター仕様のスーパーカブが新車で売られているのを知らなかったので驚いたが、このキャブレターが中国製だったのである。中国では、二輪車エンジン用のキャブレターを大量に製造しているようだ。

その中国で、スーパーカブが群れをなして走っているシーンを見たことがなかった。一九九六年

（平成八年）に特別に許された取材で香港から北京まで自動車旅行をしたことがあり、まだ高速道路網が完成していなかったので、小さな町や村を経由することが多かった。そのときの記憶では、庶民のモビリティは圧倒的に自転車であった。こんなにたくさんの人びとが自転車に乗っている国は、そうそうないだろうと思ったことをよく覚えている。その後も何度か中国各地を訪れたがスーパーカブの群れを見た記憶がない。

中国の人びとは、ステップスルーのシルエットをもつスーパーカブより、ハンドルとシートの間にガソリンタンクがあるオートバイらしい二輪車が好みだと聞いたことがある。西アジアのバングラデシュ、インド、パキスタンの他、アフリカ大陸も同様だと聞く。西アジアとアフリカへもホンダはスーパーカブをおしたてて進出しているが、その地でスーパーカブは人気を博してはいない。人口一四億人の中国、その中国をこえて世界一の人口になるだろうといわれているインド、そして人口爆発が予測され全五四か国で合計一三億人になろうとしているアフリカ大陸で、スーパーカブは人気を獲得できていない。その理由については、文化人類学的な研究テーマになるのだろうが、さまざまな分析がある。レッグシールドなどの目立つプラスチック部品に高い価値を感じないとか、デザインに男性的迫力がないからなど諸説紛々だが、しかし残念ながら、腑に落ちるような分析論を知らない。現段階においては単なる地域的な好みの問題と考えた方がよさそうだ。オートバイらしいカタチをしたオートバイが好きなのである。

さて、その中国でホンダが二輪車の製造販売を開始したのは一九九二年である。中国政府が開放政策を本格的に実施した時代だ。広州摩托集団公司との合弁で五羊‐本田摩托有限公司を設立し、二輪車の製造販売を開始した。当時の中国政府は外国企業の進出にあたっては中国企業との合弁を義務としていた。合弁することによって外国企業の経営からマネジメント、開発から生産技術まで、すべてを中国企業が学習できるからである。こうした先進の外国企業から学ぶことは、技術提携や合弁をするしないにかかわらず、半世紀以上昔の日本でも盛んにおこなわれていた。ひとつの国が工業化を推進していくときに、先進の外国企業から学ぶ時代をもつのは必然の段階だ。

五羊－本田摩托有限公司は、当初からスーパーカブを製造販売していない。ホンダが中国で正式にスーパーカブを製造販売したのは、二〇〇一年に海南新大州新摩托車股有限公司（以下、新大州）と合弁で新大州本田摩托有限公司を設立した後の二〇〇二年からである。

それ以前のホンダと中国企業の関連をホンダの正史年表[※12]でみていくと、最初は一九八二年に嘉陵機器廠と技術提携していることがわかる。その年にホンダの北京事務所が開設されている。嘉陵機器廠との技術提携契約締結は八三年だ。八四年には上海の易初オートバイ有限公司と技術提携調印、八八年は中国広東省オートバイ工業連合公司と広州公司との技術提携契約に調印し、易初オートバイ有限公司の二輪車工場が完成している。九〇年には「中国での、全国規模のサービスネット拡充と二輪車整備技術学校設立の支援計画を発表」とある。その学校は九二年に開校した。こうした歴史の流れを確認してわかることは、中国もホンダも合弁会社設立を急がず腰を据えて技術提携を積み重ねていることだ。双方ともにじっくりと状況が熟すのを見据えていたのだろう。

この技術提携時代の一九八三年に最初に中国で製造されたホンダ二輪車は、ベルギー・ホンダ製モペッドのPA50Ⅱカミーノだった。次いで実用車オートバイのCD50やCG125がつくられ、スーパーカブの技術提携製造は九二年になってからだ。合弁の新大州本田摩托有限公司がスーパーカブを製造販売する一〇年前ということになる。中国におけるホンダの二輪車の歴史は、スーパーカブではじまったのではなかった。しかし、東南アジアと南米の二輪車市場をみるかぎり、二〇〇〇年あたりから中国メーカーのカブ・タイプが大量に出まわっている。

新大州本田摩托有限公司がスーパーカブを製造販売した二〇〇二年の中国には、カブ・タイプを製造販売する中国メーカーが零細から大企業まであわせて二〇〇社ほどあったという。二輪車の部品メーカーは五〇〇社以上で、すでに二輪車産業の裾野が広がっていたことがわかる。これらの中国メーカーは、中国の国内需要を満たすとともに、東南アジアと南米への輸出需要をビジネスチャンスと捉えて、大量に発生してきたのだろう。中国のカブ・タイプのメーカーは、ホンダが技術提携して中国で製造していたスーパーカブおよび東南アジアから流れ込んできたスーパーカブをサンプルにしていたと考えられる。中国はホンダがスーパーカブを合弁で製造販売する以前から、カブ・タイプを年間数十万台規模で大量に製造していた国だった。

ホンダが新大州との合弁で新大州本田摩托有限公司を設立しスーパーカブを製造販売したことは、当時の日本の経済誌などで大いに話題になった。なぜならば、新大州はカブ・タイプを製造販売する大手の民間メーカーだったからである。そのときの経済誌の記事を読むと「スーパーカブのコピー・メーカーとホンダが合弁」と書き立てている。

この英断を下したのは、ときの五代目ホンダ社長の吉野浩行であった。「コピーしたとかしないとか、そういう問題を裁判所へ訴えても本質的な問題解決ができないと思います。カブをつくる技術があるのだからホンダと組んで、もっといいモノをつくってお客様に喜んでいただこうというのが新大州本田です」と話していたことをよく覚えている。

世界のスーパーカブ工場のこれから

こうしたスーパーカブをめぐるホンダと中国メーカーのいきさつを検証していくと、スーパーカブ（もしくはカブ・タイプ）が中国の人びとの生活に一定程度浸透していたことがわかるが、もっと強く迫ってくることは、中国は世界最大のカブ・タイプ生産国であるという現実だ。

そのような視点をもって今日の中国のスーパーカブ状況を取材することにした。

中国におけるホンダの二輪車製造販売拠点は、現在は二社である。上海の新大州本田摩托有限公司と広州の五羊−本田摩托有限公司で、どちらも中国企業との五〇：五〇の対等合弁会社だ。取材できたのは三八〇〇人の人たちが働く新大州本田摩托有限公司で、上海から引っ越したばかりの蘇州・太倉工場と二〇〇五年操業開始の天津工場をめぐった。

中国における二輪車全体の販売台数は、二〇一七年の数字で年間二二八五万台である。ただし、これらすべてがガソリンエンジン搭載車ではない。電動二輪車が圧倒的に多いのである。電動二輪車が一五〇〇万台で、ガソリンエンジンは七八五万台だ。都市部においてガソリン車は、登録規制、乗入規制、ガソリン給油規制をうける一方、電動二輪車の大部分を占めるペダル付電動モペッドにはそれらの制限がないうえ運転免許も必要ない手軽なモビリティだからである。

この二〇年間に猛烈なスピードで成長発展した中国は、大気汚染低減などの環境整備にとりかかっている段階にある。低炭素で再生可能なエネルギーへの転換政策を大胆にすすめ、都市部の空が青空を取り戻しつつあるが、そうした政策のひとつとしてガソリン車への規制を拡大している。新大州本田摩托有限公司の上海工場が、太倉工場を新設して移転したのも、上海市の新しい環境規制政策に対応するためであった。

二〇一七年に販売されたガソリン車をカテゴリー別に見ると、オートバイが四〇三万台、スクーターが二七九万台、カブ・タイプが一〇三万台である。この一〇三万台には中国メーカーのカブ・タイプがふくまれている。割合でみるとスクーターが増加傾向にあり、カブ・タイプは減少傾向にある。五年前にカブ・タイプは二六五万台だったので、半分以下に減った。カブ・タイプの五年後の予測数字はわずか三三万台である。

この二〇一七年のカブ・タイプ一〇三万台のうち、新大州本田摩托有限公司で製造したスーパーカブは一六万二〇〇〇台だ。そのうち中国国内向けが六万一〇〇〇台で、輸出が九万九〇〇〇台である。輸出先は東南アジアなど二五か国だ。ちなみに、二〇一七年は日本へ完成車を輸出していて、その数は三万七〇〇〇台である。

二〇一八年は日本へ完成車を輸出しなくなり、日本の熊本製作所が製造するスーパーカブの部品の約半分程度にあたる二二七部品を輸出している。その部品製造を担当するのが太倉工場だ。太倉工場は中国内需向けのスーパーカブの製造をしていない。

一方の天津工場は、海外におけるスタンダードなスーパーカブであるウェイブ系を製造している。

二〇一八年の製造計画台数は約一二万台で、そのうち輸出計画台数は、完成車が四一七二台、CKD（コンプリート・ノックダウン）部品は八万二八二七台だ。完成車の輸出先は中米のグアテマラ、ホンジュラス、ニカラグア、コスタリカ、南米のペルー、エクアドル、ボリビア、パラグアイ、ウルグアイで、合計九か国である。CKD部品はフィリピン、ナイジェリア、メキシコ、コロンビア、ペルー、アルゼンチンの六か国だ。

以上の新大州本田摩托有限公司の海外輸出の規模を見ただけでも、中国は「世界のスーパーカブ工場」であることがわかるが、これにくわえて広州の五羊-本田摩托有限公司も東南アジアへ部品輸出をしているので、世界各国のスーパーカブ製造を中国が支えていることはあきらかになった。

では、なぜ、中国が世界のスーパーカブ工場になりえるのかといえば、まさしく中国こそが世界最大のカブ・タイプ製造国だからである。かつてベトナムでカブ・タイプのシェアを八〇％も占め、いまも中米や南米で売りまくる中国メーカーのカブ・タイプの歴史は二〇年以上にもおよび、年間数十万台という膨大な量を製造してきた。その国にホンダが合弁で進出し、ホンダ基準のスーパーカブの製造を一五年以上も続けてきたのである。いやホンダだけではなく日本の名だたる二輪車メーカーもまた中国に製造拠点をもうけている。そのために部品メーカーが数多く育って、その裾野の広さは世界最大である。自動車メーカーの工場は、部品メーカーから部品を買い集めて組み立てる工場だ。よい部品をつくる部品メーカーが多いほど、効率的に稼働する。

もちろんホンダが必要とする部品は良質でなければならない。ホンダのスーパーカブは耐久性や燃費性能といった品質面で、中国メーカーのカブ・タイプと対峙して勝ち抜いてきたからである。

その部品が良質でなければ、高品質なスーパーカブを製造することはできない。つまりホンダが要求する高い基準に合致した部品をつくる部品メーカーが中国には数多くあるということになる。

中国が世界のスーパーカブ工場になったのは、誰かがそれを計画し実行したからではない。日本から出発したホンダのスーパーカブが世界商品となった六〇年間の歴史的過程で、カブ・タイプを製造する二輪車メーカーが中国に増殖したからだ。つまり、なるべくしてなった現実なのである。

しかし、なるべくしてなった中国メーカーのカブ・タイプならではのグローバリゼーションは、これからひとつの淘汰段階をむかえる。ガソリンエンジンの排出ガス規制が世界各国各地域において厳しさを増すからである。すでに書いたように、この排出ガス規制に対応するためにはフューエルインジェクションすなわち電子制御燃料噴射装置の技術が必要になってくる。いま現在、キャブレターを製造している部品メーカーが、フューエルインジェクションのメーカーに変身するには、膨大な資本と時間が必要となる。極端な比喩をすれば、キャブレターはソロバンの次元にあり、フューエルインジェクションはコンピュータ時代の技術だ。キャブレターを使うことで価格競争をしている中国メーカーのカブ・タイプは淘汰されてしまう可能性がきわめて高い。

もっと考えを近未来的にすすめるならば、電気モーターによる電動二輪車の時代が到来したならば、今度はフューエルインジェクションが存在意味を失う。さらに自動運転技術の発達で道路交通の秩序が再構築されたとき、電動二輪車は人工知能の技術を必要とするだろう。それが庶民の廉価なパーソナル二輪モビリティになるかどうか、いまは想像すらもできない。

スーパーカブの世界史を歩きまわって中国のスーパーカブ状況にたどりついたとき、初めてスーパーカブがなしとげた金字塔の内実を知ったと思った。

スーパーカブが世界商品となり、世界各国各地域で製造販売されることによってカブ・タイプが生まれ、カブ・タイプを製造する環境すなわち中国における組立メーカーと部品メーカーの広い裾野が成り立った。これらはひとつの連鎖になり、また循環して、たったいま世界各国各地域でスーパーカブ製造を担うのであった。この連鎖と循環が成立したのは、スーパーカブを庶民のためのモビリティとして存在させるために廉価を実現するという大目的が貫徹されているからである。カブ・タイプがスーパーカブの廉価をゆるがして、その意味を失なわせるほどの安価で、スーパーカブに対峙しているアイロニカルな存在であることが、大目的が貫徹されていることを裏書きしている。

このようにして出現したアクチュアリティつまり現実に進行している状況を、スーパーカブの世界というならば、スーパーカブの世界は、生活的な高性能で利便性が高く、乗って楽しくなるパーソナルモビリティを求めている世界中の庶民によってつくられていることがわかる。

そのことがわかったとき、スーパーカブというモビリティは、殺伐としたグローバリゼーションの世界にあって、庶民の移動の自由を手伝う血がかよった存在なのだとつくづく思った。

第七章

ふたたび日本のスーパーカブ

スーパーカブ50　60周年記念モデル(2018)

スーパーカブの気働き

いま日本で買うことができる新車のスーパーカブは二系統ある。

ひとつは二〇一七年にフルモデルチェンジしたスーパーカブ50／110のシリーズだ。このシリーズは、配達業務用のスーパーカブ・プロ50／110と、一般販売をしていない郵便配達仕様車の50MD（メール・デリバリー）と110MD、そしてかつてのハンターカブを思わせる遊び心あふれたスポーティーなクロスカブ50／110の三つのモデルで構成されている。このスーパーカブ50／110シリーズは、日本のホンダが開発し熊本製作所で製造している日本のオリジナル仕様だ。

スーパーカブ50はエンジン排気量が五〇ccであり原動機付自転車免許の他、普通自動車免許や普通自動二輪車免許で乗ることができる第一種原動機付自転車だ。スーパーカブ110は一一〇ccエンジンなので普通自動二輪車免許（小型限定）以上が必要な第二種原動機付自転車になる。

もうひとつの系統は二〇一八年にデビューしたスーパーカブC125だ。タイのアジア・ホンダが開発し製造しているので、日本では輸入車ということになる。スーパーカブ・シリーズ六〇周年を記念したプレミアムモデルで、東南アジアはもちろんアメリカやヨーロッパへも輸出されている。宣伝コピーで「所有する喜びを満たす装備と、上質な造り込み。」と謳われる、スーパーカブの最高峰モデルである。ホンダは、スーパーカブ・シリーズにヒエラルヒーを持ち込みたがらないので、これぞ最高級のスーパーカブだとみずから主張しないが、最高価格のスーパーカブだ。しかしそれでも日本でのメーカー希望小売価格は消費税抜本体価格三七万円丁度である。一二五ccエンジンなので第二種原動機付自転車になる。

日本仕様のスーパーカブ50／110シリーズは、二〇一七年の生産累計一億台達成のタイミングで発売されたので、事実上の記念モデルである。しかし、そのことをホンダはひと言も言っていない。記念すべき一億台目のスーパーカブを、どこで製造するか、ホンダは考えたはずである。たしかにスーパーカブは日本発のホンダ製品だが、現在の主要マーケットはアジアと中南米で、そこには膨大なカスタマーがいる。アジアか中南米で一億台目のスーパーカブが製造されても何も不思議はない。思案のすえにホンダは、一億台目は日本で製造すると決めたのだろうが、それを大きな声で言うのは気が引けたのであろう。世界中のスーパーカブ・カスタマーの気持ちを大切にしたいので、遠慮したというか配慮した結果が、実にさりげなく日本で製造してしまうことだった。

そのような繊細で十二分の気働きをするのは、世界中のホンダのカスタマーを尊重しているからだが、その気働きこそ、スーパーカブをしてスーパーカブたらしめてきたと、それがスーパーカブの真髄ではないかと思う。

一九五八年に発売された初代スーパーカブを見て、ひときわ感じるのは、小さく華奢なオートバイだということである。いま現在、世界各国各地域で走っているさまざまなスーパーカブとくらべると、ひとまわりどころかふたまわりも小さく感じる。小さいというより精巧といったほうがよく、さらに印象的な言葉にするならば、繊細な気働きをもって開発された製品に見える。

それがどういうことかといえば、たとえばハンドルもタイヤもシートも荷台もすべての部品が、これ以上小さければ使いにくいが、このサイズであれば必要十分だと思えることである。ようするにギリギリのところまでコンパクトにしているのだが、小さすぎない。この塩梅が絶妙というか、このようにサイズを決めるには、スーパーカブに乗るすべての人びとになりきって考えるような、繊細な気働きが必要だろうと思う。また一方で思うのは、その繊細な気働きによってサイズを決めるためには、大胆な決断が必要ではないかということである。繊細に神経をはたらかせるだけでは、こうはいかないだろう。繊細さと大胆さの両方がなければ、これはできない。そのような精神活動があることを、初代スーパーカブの随所から感じるのであった。

ようするに乗る人びと、カスタマーの生活というものを、とことん考えたということなのだと思う。スーパーカブの開発をしていた時代は、敗戦の痛手から立ち上がり、高度成長時代へと向かうあたりだから、カスタマーは生活の道具としてのスーパーカブを必要としている。移動の道具だから、通勤通学で使うことにはじまり、そのときはスーツ姿も制服姿もあるだろうし、スカート姿もあるはずだ。仕事であれば配達や営業まわりの走る道具ということになる。そのような生活者たちは毎日乗る。毎日乗れば、そのモビリティの好きなところも嫌いなところも、否応なくわかってくる。どこがどういうふうに工夫されているのか気がつくし、工夫が足らないところもバレてくる。しかもスーパーカブは給料の何倍かの値段だ。スーパーカブを愛車としてやさしい目で見ることはあっただろうが、大枚をはたいて買ったカスタマーは、どうしたって厳しい評価の目で見る。

そういうモビリティ商品である以上、繊細な気働きをもって開発しなければ、コンシューマーの気持ちをつかめない。スーパーカブを選んで買ってもらえないだろうし、一度はカスタマーになってくれるかもしれないが、次もスーパーカブを買ってくれない。自分のスーパーカブの自慢をしてくれなければ口コミで人気が広がらない。

スーパーカブを開発したホンダの技術者たちの口からは、生活者のカスタマーにたいする繊細な気働きを聞くことがある。たとえばスーパーカブは、新発売から七年後にエンジンを根本的に設計変更して、ＯＨＶ（オーバー・ヘッド・バルブ）から、より高性能なＯＨＣ（オーバー・ヘッド・カムシャフト）にしているが、そのＯＨＣエンジンを設計したときの逸話だ。ＯＨＣになったエンジンは、気持ちよく滑らかに回転するばかりか耐久性が高く壊れにくいエンジンだったので、スーパーカブの人気を倍増した。その設計を担当した恩田隆雅は、ＯＨＣエンジンを壊れにくく丈夫なエンジンにしようと努力したのは「スーパーカブに乗っているお客様はみんな働いていて忙しい人たちだからだ」と言っていた。そのために仕事や日常生活に追われて潤滑油の補充や交換を忘れていても、わずかながら潤滑油が残っていればエンジンが壊れないように設計したと言うのであった。もちろん前提条件なしに故障しにくいエンジンを設計するのは技術者として当然の責務だろうが、その発想の根源にあるのが「働いていて忙しい人たち」だった。

もうひとつ逸話を紹介すれば、その主役は本田宗一郎である。スーパーカブが新発売された翌年の一九五九年（昭和三四年）には、出前機が発明されて特許を取得している。飲食店が出前用に自転車やスーパーカブに装備している日本独自の機械だ。発明者は東京・目黒区祐天寺の蕎麦店主だと伝えられるが、当然のことながらスーパーカブにも取りつけられて大活躍をはじめる。この出前機を見たホンダの技術者たちが、よりスマートな出前機を開発したときのことだ。本田宗一郎はこの出前機開発を中止させた。理由は出前機のメーカーから仕事を奪う結果にならないともかぎらないからである。ときのホンダは中小企業の規模だったが、それにくらべても出前機のメーカーは小資本だ。出前機の市場は小さく、企業の自由競争が成立する範疇にないと判断したのだった。出前機メーカーの一族に本田宗一郎の友人がいたので、その実情をよく知っていたという。

しかし、自由競争ができるフィールドでは、特別仕様の働くスーパーカブをホンダは熱心に製造販売している。いま現在でも日本のスーパーカブ50／110シリーズにラインナップされている配達業務用のスーパーカブ・プロと、一般市販されていない郵便配達仕様車のMDである。プロは新聞配達に使われることが多いので通称をプレスカブといい、郵便配達仕様車の通称は郵政カブだ。どちらの働くスーパーカブも、一九七〇年代当初に専用仕様モデルが登場している。

プレスカブはフロントに大型バスケットがあり、リヤの荷台が大きく頑丈だ。配達業務に便利な小さなタイヤ、専用のスタンドとパーキングブレーキなど配達に適した仕様になっている。

郵政カブは日本郵政専用モデルなので、そのスペックさえ非公表だ。コンシューマーが新車を買うことはできないが、いわゆる払い下げがおこなわれるので、中古車が専門ショップで販売されていて、マニアたちが手に入れている。日本郵政は郵政カブを電動化する計画を開始しているが、この計画が小型オートバイ全体の電動化を大きく促進するとの予測がある。

郵政カブとプレスカブに代表されるように、いま日本のスーパーカブは、そのほとんどが仕事で使われている。二〇一三年からここ五年間ほど、日本で販売されるスーパーカブは毎年約三万台で推移しているが、おおよその内訳は、郵政カブが一万台、五〇ccが一万台、一一〇ccが一万台で、郵政カブ以外の二万台も、そのほとんどが配達や営業まわりで働くスーパーカブだという。

したがってホンダがいま日本のスーパーカブを開発するとき、繊細な気働きをそそいでいるのは、スーパーカブを働くモビリティにしている生活者の気持ちということになる。

日本仕様のめざすもの

最新型スーパーカブ50／110の開発責任者をつとめた亀水二己範に話を聞くことができた。ホンダの商品を開発する本田技術研究所の主任研究員である。

「日本のカブのフルモデルチェンジを担当しろと命じられたときは、やはり高揚した気持ちになりました。あらゆる意味でスーパーカブはホンダを象徴する二輪車です。ホンダの技術者のひとりとして、シンボルであるカブを担当できる喜びと感動がありました。カブの存在感、そのずっしりとした重みを全身で感じたものです。その高揚感は重大な責任感の裏返しでもありました。失敗できない仕事ですが、しかしそんなことを考えていたら失敗するに決まっていますから、最高の日本のカブをつくるぞと自分で自分を鼓舞しました」

一九六一年生まれの亀水二己範は、ホンダ二輪車製品のエンジンと車体の両方の開発技術を担ってきた、コンピュータ・エイディット時代のベテラン技術者だ。タイのホンダで六年間の駐在勤務をし、スクーターや小型オートバイを担当していたときに、マレーシアとフィリピンのスーパーカブのモデルチェンジにかかわっている。

しかし、その亀水にしても日本のスーパーカブをフルモデルチェンジするためのリサーチを始めると「最高の日本のカブ」を新設計するためには、高く分厚い壁がいくつも立ちふさがっていると認めざるをえなかった。その壁は、大きくわけるとふたつあった。ひとつは性能と耐久性の品質である。亀水はこう言っている。

「日本でカブに乗るお客様はプロなのです。郵便配達にせよ新聞配達にせよ営業にせよ、仕事で毎日乗られている。つまりカブを知り尽くしています。場合によっては、旧型になるカブが仕事の現場には残るので、必然的に乗りくらべる日常になります。そのようなプロの方々に、新型のカブは仕事に使いづらいと言われるようなご迷惑は絶対にかけてはなりません」

抜群の耐久性があるスーパーカブとはいえ工業製品であるかぎりは、故障したりヘタリが出るのを避けられない。スーパーカブを仕事で使う人たちは、そうしたスーパーカブの長所も短所も熟知して乗りこなしている。そればかりか、どこにどのような不具合や故障が発生しやすいかも知っているので、そのために的をえたメンテナンスをほどこし、必要な部品をストックしているという。そのような目利きの乗り手をうならせるスーパーカブを開発しなければならなかった。それができれば、プロに評価される新型になり、プロではないコンシューマーにも充分に満足してもらえる。

この類のことは「スーパーカブのトラック性」である。荷物を運ぶトラックのことだ。東南アジアなどで、こんなにたくさんの荷物を積んでいいのかと思えるようなスーパーカブの使い方を見ることがあるが、それはスーパーカブのトラック性がフルに発揮されているシーンだ。日本の配達業務に使われるスーパーカブだって軽い荷物を運んでいるわけではない。郵便配達のスーパーカブが前後にたくさんの郵便物を積んでいるのは日常的に目にするシーンだ。それは新聞配達しかりで、出前機だって軽い装備とはいいがたい。そもそもスーパーカブは、トラックのように使われても大丈夫だったからこそ、すぐれた庶民のモビリティだと評価されてきたのである。

だが、問題は旧型になるスーパーカブとは開発の条件が同じではなかったことだ。その条件変更は重大で、繊細な気働きをして開発業務をすすめれば旧型を上まわることができるというような条件変更ではない。エンジンの排出ガスを格段にクリーンにしなければならない法規制が実施されるからである。この法規制は歓迎すべき時代的な変化だが、技術者にとってはめっぽう困難な技術開発課題になる。

排出ガスをクリーンにするということは、エンジンが発生するエネルギーの一部を、クリーンにするために割り裂くことになるので、従来どおりのパフォーマンスを確保することが相対的に難しくなる。ようするに馬力や燃費などのパフォーマンスが落ちることがある。このパフォーマンス低下は、一〇年単位のエンジン研究で徐々に克服してきてはいるが、短時間で一気に解決できるほど容易ではない。何かをえれば、何かを失い、バランスを整えるためには時間がかかる。

また、この排出ガスをよりクリーンにする技術開発課題は、排気量一一〇ccより五〇ccのほうが困難さを増す。エンジン技術のなかで排気量の大小は余裕のありなしと訳していい数字だ。もちろん排気量の大きな余裕のあるほうが性能を向上させやすい。しかも、たとえば、もし馬力が低下した場合、それが〇・一馬力としても、最大馬力の大きい一一〇ccのほうが損失率が低く、最大馬力の小さな五〇ccは損失率が高くなる宿命がある。わずか数パーセントでも馬力の損失があった場合、毎日スーパーカブに乗っているプロであれば、たちどころに指摘できるものだ。

「エンジンについては、ほとんど新設計したというぐらい手を入れた」と亀水が言う丹念な仕事で、結果的に新型のエンジンは旧型にくらべて馬力を落とすことはなかった。ただし五〇ccの燃費性能はガソリン一ℓあたり〇・五㎞落ちたが、それは許容範囲にとどまったということだ。

新型スーパーカブは、はたらくスーパーカブとして、プロの乗り手が安心して使えるモビリティでなければならなかった。亀水はこう言っている。

「仕事でカブに乗る人たちは、たいてい毎日、ほぼ同じ道を走り、ほぼ同じ重さの荷物を積みます。ちがうのは仕事の都合で、旧型に乗ったり新型に乗ったりすることです。だから、どちらに乗っても同じように走れるということは強く意識しました。違和感を覚えることなく、同じように走ることができれば、疲労軽減や安全性確保にもつながります。性能がよくなったとか洗練された走り味がするということも新型ですから大切なポイントですが、とにかく戸惑うとか困惑させない走りができるということを第一にめざしました」

そのことを実現させるために、いかなる努力をしたのかと質問しても、「真剣になって一生懸命やっていましたよ」と亀水は謙虚な姿勢を崩さなかった。だが、それがどれほど「真剣」で「一生懸命」であったかを裏づける話がこぼれた。

「デザインについては、とにかくエンジンと車体の開発に時間と労力をとられてしまって、考えをまとめるのが遅れました。デザインは従来の延長線上でまとめるのが最適と考えていたのです」

デザインについて考える時間がないほど、性能と機能の開発に忙殺されていた。

ところが思いがけず亀水は、日本のスーパーカブのデザインについて根底から検討し直すことになったのである。状況と条件のいちじるしい変化があったからだ。

亀水が開発していた日本のスーパーカブが日本で製造されることになったのである。それまで二〇一二年から一七年まで日本国内で販売されたスーパーカブは、中国で製造された完成車を日本へ輸入したものだった。もちろんそのほうが販売価格が安くなるからである。実際に日本での販売価格を二万円ほど値下げできたほどだ。しかし、国際政治経済の動向変化によって、中国の元と日本の円の為替レートが元高にふれて、中国から完成車を輸入するよりも、日本で製造したほうが販売価格が安くなると見込まれたのである。

亀水が精緻に試算してみると、たしかに日本で製造したほうがコストが低い。日本で製造するといっても中国や東南アジアから大部分の部品を輸入して日本で組み立てるのだが、そのほうが輸送費や保管倉庫費が安くなるので、コストダウンできる。スーパーカブのグローバリゼーションは意外な展開をもたらした。この試算報告をうけてホンダの経営陣は日本での製造へと舵を切った。

そのタイミングで、生産累計一億台目のモデルを、日本で製造したスーパーカブにしようという機運が盛り上がってきた。亀水はこう言っている。

「ここにきて日本の人びとの心のなかにあるカブのカタチ、つまり日本の原風景にあるカブのカタチを、新しいデザインで表現したいと考えました。日本で外装デザイン部品を調達すればコストを下げることができるという目論見もありました。デザイン部門からも、初代カブを原点としたスーパーカブの新しいデザイン開発にチャレンジしたいという強い意志が伝わってきて、短時間で一気呵成に新しいカブのデザインが仕上がっていきました」

最新型のスーパーカブ50／110のデザインは、初代スーパーカブのオマージュたりえている、一億台記念モデルにふさわしいカタチになった。

初代スーパーカブのデザインアクセントになっていた左右のサイドカバーボックスが復活している。左側は書類入れで右側は携帯工具が入り電装部品のメンテナンスにも使える。このサイドカバーボックスはカスタマーから復活の要望があったことに応えたものだ。フロントのエンブレムやシート下のロゴマークも抜かりなく初代のイメージに重ねあわせている。

このデザインはネオレトロのジャンルに入るのだろうが、レッグシールドのすっきりとしたカッティングラインに表象される各部の意匠は、初代のデザインをモチーフにしながら、初代に勝るとも劣らない二一世紀現在における日本のスーパーカブのデザイン開発をしたいというチャレンジングな意志を感じさせる。つまり日本のスーパーカブのデザインという徹底的にドメスティックな存在のデザインが生まれた。日本のスーパーカブは、もはや元祖でもなくオリジナルでもない、日本独自のスーパーカブになっているというホンダの自覚的な意志を感じた。

その意志は、世界各国各地域へ広がり、その地において開発されたデザインや機能をはらんで製造されるさまざまなタイプのスーパーカブ・シリーズが、それぞれの地においてオリジナルな存在になりえていることを、アクチュアルに承認するものだ。スーパーカブ・シリーズのデザインは、無限にオリジナルを発生させていく『複製技術時代の芸術』のごとく「グローバル大量生産時代のインダストリアルデザインの群れ」になったと考えられる。それは日本の人びとに馴染むジャパン・オリジナルデザインのスーパーカブが、二〇一七年に一億台目のスーパーカブとして登場したことを日本で目撃して、決定的に促進された思考である。

日本のスーパーカブは、元祖の儀式から解放され、世界に増殖したスーパーカブ・シリーズのなかのパラレルな位置についた。

その意味において、ことのほか興味深いのは、日本のスーパーカブ50／110がパイプフレームを採用していることだ。日本で製造されるスーパーカブは一九五八年の発売以来二〇〇九年まで半世紀にわたってプレスフレームであった。二〇〇九年からスーパーカブがパイプフレームになっても、その後はリトルカブが二〇一七年に製造終了になるまでプレスフレームのまま日本で製造されていた。海外のすべての製造拠点では、とっくにパイプフレームになっているのに、日本だけはプレスフレームがまるで伝統であるかのように五九年間も継続していたのである。

初代スーパーカブはプレスフレームで世界へと進出していき、五大陸のあちらこちらで製造販売されていくうちにパイプフレームへと変更されていった。そして二〇一七年に、ついにというべきか、日本でのプレスフレーム製造の歴史が終わり、世界中のすべてのスーパーカブ・シリーズがパイプフレームになった。初代スーパーカブが元祖にしてオリジナルであることの構造的要件がプレスフレームであったとすれば、それは巨大な波によって覆（くつがえ）されて消え、スーパーカブという共通したシルエットだけが残ったということになる。

かつてスーパーカブについての長いインタビューを現役時代のホンダの第五代社長の吉野浩行と第六代社長の福井威夫に許されたことがあったが、二輪車の開発を担ったことのある、このふたりの歴代社長は異口同音に「スーパーカブをこえる新しい次元の二輪モビリティ開発計画にチャレンジしたが、どうしても達成できなかった」と語った。もちろん達成できなかったことこそ承服しがたく、これもまた異口同音に「ホンダがホンダであるかぎり、新しいスーパーカブをつくらなければならない」との躍動的な結語があった。スーパーカブは革命的なエネルギーを内包している。

ここにきて元祖の儀式から解かれた日本のスーパーカブのありようを目の当たりにすると、スーパーカブが新次元へと止揚することの萌芽らしきものが確認できたのではないかと思う。それは環境によって変わるべくして変わるという有機的な方法をとるだろう。

こうした考察が可能になると、はたして主体であるホンダが、どのような認識にあるのかは、ぜひとも知りたいところになった。しかしホンダがその認識をあらわにするのは、スーパーカブを超越した新次元の庶民のモビリティを製品として私たちの目の前に差し出すときであるはずだ。

このスーパーカブ・シリーズにおける歴史的な出来事は、スーパーカブが世界各国各地域でスーパーカブ・シリーズへと拡大していった結果として、コスモポリタニズムすなわち地球市民主義の存在になったと考える。人によっては工業製品のインターナショナリズムと定義するかもしれないが、どちらにせよその基調にあるのは、固有性を維持したところにある、都市（シティ）を語源とする市民的（シビック）な調和（アコード）である。いままで本書ではスーパーカブの地球主義をグローバリゼーションと書いてきたが、それはコスモポリタニズムと同義であることを確認しておきたい。

スーパーカブというモビリティを見つめていると、現代世界のあるべき姿をちらりほらりと見てしまうのである。もちろんその世界の姿は、スーパーカブに乗る庶民の目線で見た世界である。

スーパーカブが直面する日本の現実

しかしながら、日本におけるスーパーカブはのっぴきならない状況に面している。

日本の二輪車保有台数は、二〇一七年三月の段階で一一〇〇万台弱とされているので、単純計算すると日本で暮らす人びとの一一・五人に一台の割合だ。[※19]ちなみに四輪車は七八〇〇万台以上である。一・六人に一台で、四輪車のほうが圧倒的に多いことがわかる。日本の二輪車保有台数のピークは一九八五年で約一八二〇万台だから、たしかに四〇%ほど減っているが、極端に少なくなったわけではない。

ところが二輪車保有台数の内訳をみると、スーパーカブ50／110が属する、五〇cc以下の第一種原動機付自転車と一二五cc以下の第二種原動機付自転車が激減している。一九八五年のピーク時に第一種は一四六〇万台強あったが、二〇一七年では桁違いの五六一万台強だ。第二種は一九七〇年がピークで四四三万台強だが、二〇一七年は一七四万台ほどである。一二五cc以上は趣味のオートバイといっていいジャンルであり、その保有台数は若干の加減を繰り返しながらも一定水準で推移していることから、一二五cc以下が大幅に減っているという現実が理解できる。

この現象は販売台数でみると、もっと鮮明になる。二〇一七年の二輪車全体の販売台数は三六万台弱だ。[※20]一九八〇年のピーク時は二三七万台だったので、三七年かけて六分の一以下になった。これが五〇cc以下になると約一九八万台弱から一七万四〇〇〇台強と一一分の一、一二五cc以下では約二〇万台が約八万九〇〇〇台と半分以下である。一二五cc以上でみると約三二万台が約九万四〇〇〇台だ。趣味のオートバイは流行の波のなかにあるので三分の一以下になったのは驚かないが、一二五cc以下の激減、なかんずく五〇cc以下の大激減は衝撃的である。

以上のデータからみると、まだしも小型オートバイは日本の庶民のモビリティだが、その庶民のモビリティの主軸は、四輪車とりわけ軽自動車へ移行したという想像はたやすい。

この五〇cc大激減についての分析はあまたあり、交通行政への批判にもとづく分析が多い。いわく速度制限時速三〇kmでは自動車交通の流れに乗れず危険を感じるばかりか、五〇ccだけを狙ったスピード違反取締をやられたら九九％が捕まる。都市部における交差点の二段階右折はわかりづらく非現実的規則である。二輪車の駐車場を増やす行政をせずに二輪車の駐車違反摘発が猛烈に厳しくなったというものだ。たしかに五〇ccで首都圏都心部を走れば、ときとして命がけの走行をしいられるのは事実だ。人情のかけらもない駐車違反摘発を理不尽だとも思う。しかし「お役所誤謬(ごびゅう)せず」のこの国にあって、行政は絶対にまちがっていないことになっているのだから、まちがいを認めて反省するはずがない。モータリゼーションの現実にしたって、かつては車道優先の歩道橋が乱立して、あからさまに人間が疎外された時代があり、いまでは自転車が歩道を走り一方通行を逆走するというG7レベルの先進国ではありえない交通行政にある。その現実を行政官僚が知らぬはずがないとすると、交通行政批判は常にボヤキ漫才にしかならない絶望の状況だ。

さらには、排出ガス規制に対応しながら、燃費にすぐれ、走って気持ちがいい五〇ccエンジンは物理的な性能の限界に達していて、世界各国各地域の小型オートバイのスタンダードな排気量すなわち一〇〇ccから一二五ccこそが排出ガス規制と燃費などを解決するエコロジカルなエンジン排気量だという科学的な主張に交通行政は耳を貸そうとしていない現実もある。一二五cc以下の第二種原動機付自転車の運転免許を取得しやすいように申し訳程度に規制緩和するという小手先の交通行政をしても、それは交通行政の言い逃れにしかみえない。

五〇cc以下の原動機付自転車の大激減については、電動アシスト自転車の人気上昇から、若者層の貧困化まで、分析をしていくための事象にこと欠かず、まちがいなく交通行政の怠慢ふくめて分析的事象のすべてが複合的に作用した結果だ。如何ともしがたい四面楚歌の状況である。

ひるがえってスーパーカブだが、この見た目も乗り味もおおらかな小型オートバイは、原動機付自転車が大激減した国において、働くスーパーカブとして現役である。

日本で暮らす人びとは、毎日どこかで働くスーパーカブを目にする生活を六〇年間続けてきたことになる。そうした日々は当分の間続くであろう。当分の間とはあまりにも曖昧だというならば、ガソリンエンジンのモビリティが走り続けるかぎり、スーパーカブは人びとの日常生活のなかを走り続けて働くと言い換えてもいい。

働かなければ生きていけない人びとを庶民と呼ぶなら、働き続けるスーパーカブはまぎれもない庶民のモビリティである。

あとがき

スーパーカブの取材をはじめて二五年になる。チャンスをみつけては継続的に取材をしてきた。スーパーカブへの関心が薄れなかったのは、スーパーカブに所縁（ゆかり）のある人たちの話が文句なく面白かったからだ。スーパーカブは本田技研工業株式会社の発売以来六〇年をすぎるビジネス製品だが、社会学的なさまざまな視点で語ることが可能な庶民のモビリティで、心に響く逸話に彩られている。しかも自転車に乗ることができる人ならば誰でも乗れるであろう徹底した実用車なのだが、乗って走ると気持ちよく楽しい。そのようなスーパーカブへの興味が尽きなかったのである。

二〇一七年秋にスーパーカブが発売五九年にして生産累計一億台に達したとき、そのことを報道する多くの記事を読んだが、痒いところに手が届いていなかったので、スーパーカブの全体像にせまる考察をこころみる本があれば、大ヒットしているパーソナルモビリティ商品の分析とその世界的なコンシューマー・ビジネス展開の参考書になるだろうと思った。

世界各国各地域に広がったスーパーカブの歴史と世界地図を、虫の目で取材して語る本を書き下ろすというアイデアを二〇一八年の年頭にまとめた。

集英社インターナショナルのマネジングディレクターである手島裕明さんがそのアイデアに賛同して下さり、編集担当は同社の小笠原暁さんと中込勇気さんがつとめてくれた。スーパーカブに精通する松下信也さんと太田一明さん、編集者の清水雅晶さんには何度も相談にのっていただいた。

取材にあたっては本田技研工業株式会社広報部二輪広報課の石井浩樹さん、高山正之さん、村瀬弘晃さん、小椋道生さんから全面的なご協力を頂戴した。とりわけ「スーパーカブの生き字引」と呼ばれる高山さんには二五年前からスーパーカブ取材で幾度となくご協力をいただいてきた。現地取材ではホンダ・サウス・アメリカ社の岡田友博さん、ホンダ・ベトナム社の吉野正隆さん、本田技研工業（中国）投資有限公司の中村圭太郎さんのお世話になった。

末筆になりましたが、取材に応じて下さった多くのみなさまへ感謝しお礼を申し上げます。本文においては敬称を略させていただきました。どうもありがとうございました。

この「あとがき」を書こうと考えていた矢先に、とある街角でばったりと一五年ぶりに編集者の佐藤倫朗さんと出くわした。佐藤さんこそスーパーカブが執筆のテーマになりうることを最初に教示してくれた感謝すべき編集者なのである。実はもうひとり本書に登場する人物とターミナル駅で偶然に出くわしている。どちらもスーパーカブの縁は奇遇をもたらすとしか言い様がない、なぜにこのタイミングで出くわすのかと考えてしまう摩訶不思議な出来事であった。

多くのみなさまのご協力をいただき本書を書き下ろすことができたが、この一〇か月間はスーパーカブに乗って世界一周ツーリングをするような忘れることができない日々をすごした。

二〇一八年一〇月二四日　中部博

脚注

※1 二〇一七年一〇月一九日付ニュースリリース『「スーパーカブ」シリーズ、世界生産累計1億台を達成』本田技研工業
※2 『世界自動車図鑑』アルバート・ルイス　ウォルター・マシアーノ 著　徳大寺有恒 訳／草思社
※3 『フォルクスワーゲン ビートル　3世代にわたる歴史と文化の継承』武田隆 著／三樹書房
※4 『本田宗一郎は語る 不常識を非真面目にやれ』本田宗一郎 著／講談社
※5 『本田宗一郎 おもしろいからやる』本田宗一郎 田川五郎 著／読売新聞社
※6 『経営に終わりはない』藤澤武夫 著／文藝春秋
※7 『技術と格闘した男 本田宗一郎』NHK取材班 著／NHK出版
※8 『松明は自分の手で ホンダと共に25年』藤澤武夫 著／産業能率短期大学出版部
※9 『ホンダ スーパーカブ―世界戦略車の誕生と展開』／三樹書房
※10 『俺の考え ブームをつくる経営の秘密』本田宗一郎 著／実業之日本社
※11 『技術人精神』本田宗一郎ほか 著／ダイヤモンド社
※12 『語り継ぎたいことチャレンジの50年』本田技研工業
※13 『バウハウスとはなにか』阿部祐太 著／阿部出版
※14 『Honda DESIGN』東京エディターズ 編／日本出版社
※15 一九五四年三月二〇日付『マン島TTレース出場宣言』本田技研工業
※16 『ホンダの技術50年 DATA Dream（二輪車編）』本田技研工業
※17 パンフレット『これまでも、そしてこれからも。50年目のありがとう。スーパーカブ。』本田技研工業
※18 TJムック『HONDAスーパーカブ』宝島社
※19 『二輪車保有台数（各年3月末現在）』一般社団法人日本自動車工業会
※20 『二輪車販売台数（国内末端販売店向け出荷台数）』一般社団法人日本自動車工業会

中部 博　なかべひろし

1953年生まれ。週刊誌記者、テレビ司会者などジャーナリスト時代を経てノンフィクションの書き手となる。主な著書に『HONDA F1 1000馬力のエクスタシー』（集英社）、『いのちの遺伝子・北海道大学遺伝子治療2000日』（集英社）、『ホンダ式』（東洋経済新報社）、『定本 本田宗一郎伝』（三樹書房）、『炎上─1974年富士・史上最大のレース事故』（文藝春秋）などがある。日本映画大学「人間総合研究」非常勤講師。

スーパーカブは、なぜ売(う)れる

2018年12月19日　第1刷発行

著　者　中部 博(なかべ ひろし)

発行者　手島裕明

発行所　株式会社集英社インターナショナル
〒101-0064 東京都千代田区神田猿楽町 1-5-18
電話 03-5211-2632

発売所　株式会社集英社
〒101-8050 東京都千代田区一ツ橋 2-5-10
電話 読者係 03-3230-6080
販売部 03-3230-6393（書店専用）

印刷所　三晃印刷株式会社

製本所　ナショナル製本協同組合

ISBN 978-4-7976-7367-8　C0095